동물 천재를 위한

경고! 이 책을 읽고 동물이 심하게 좋아져도 책임지지 않음.

남다른 지식 사전

1 2 3 4 5 6 7 8 9 10

T. J. 레슬러 지음
신인수 옮김

비룡소

들어가는 글

쇠똥구리 148쪽

이 책은 평범한 동물 사전이 아니에요.

이 책에는 열정과 지혜, 전문 지식이 담겨 있어요. 동물에 관한 수많은 지식을 알아 가고, 별별 지식을 마음껏 즐기는 책이에요. 한마디로 동물에 대한 지식도, 사랑도 남다른 '동물 천재'를 위한 지식 사전이죠. '동물 천재는 바로 나!' 라고 생각한다면, 동물 천재가 되고 싶다면, 당장 이 책에 빠져 보세요. 온갖 동물에 관하여 신기하고 멋진 정보가 가득 담겼거든요.
예전부터 좋아했던 동물도 있고, 처음 만나는 동물도 있을 거예요. 어쨌든 모두 멋진 동물들이죠.
또, 이 책에서는 동물에 대한 남다른 지식과 사랑을 제대로 드러내며 살고 있는 진짜 '동물 천재'들을 만날 수 있어요.
동물을 만날 수 있는 특별한 여행지도 알려 주죠. 그 밖에도 여러 가지 재미있고 기발한 방식으로 다양한 동물을 소개하는, 세상에 하나밖에 없는 책이랍니다. 한마디로, 동물 천재라면 놓칠 수 없는 정보를 이 한 권에 싹 쓸어 담은 거죠. 그야말로 동물을 열정적으로 사랑하는 사람들을 위한 책, 다시 말하면, 바로 여러분을 위한 책이랍니다.

흰개미 72쪽

고양이는 정말 마법의 동물일까? 170쪽

이 구역 댄스 왕 184쪽

드래곤이 존재한다고?
10쪽

이 강아지의 헤어스타일은 누구의 작품일까요? 16쪽을 보세요.

천산갑 126쪽

24쪽에는 특이한 코를 가진 동물들이 모여 있어요.

호랑꼬리리머

정말 귀엽게 생겼죠. 마다가스카르 태생, 고양이만 한 크기의 영장류, 호랑꼬리리머 말이에요. 흰색과 검은색 줄무늬 꼬리는 풍성한 털로 북슬북슬하고, 귀에도 털이 보송보송 나 있고요. 하지만 겉모습에 속으면 안 돼요. 진짜 지독한 냄새를 풍기는 녀석들이거든요. 수컷들은 화가 나면 서로에게 냄새 폭탄을 날리며 난리를 피운답니다! 손목과 가슴에 있는 냄새샘에 꼬리를 문지른 다음, 꼬리를 흔들어서 냄새를 날려 보내요. 상대방이 못 견디고 달아날 때까지요. 요 녀석들이 악취를 날리는 걸 어찌나 좋아하는지, 암컷한테 구애할 때마저도 이 방법을 써요. 얘들아, 그건 좋은 방법 같지 않은데……. 암컷은 이렇게 지독한 냄새로 관심 끄는 걸 질색해서, 냄새를 풍기며 다가오는 구혼자들을 공격하기도 하죠. (다음에는 꽃을 준비하는 게 어떻겠니?)

악취 공격을 준비하는 호랑꼬리리머 수컷

동물 천재 주목! 유별난 습성

냄새는 동물들에게 아주 중요한 역할을 해요. 많은 동물이 자기 냄새를 묻혀 영역 표시를 하고 다른 동물이 가까이 오지 못하게 하죠. 방귀벌레나 스컹크 등은 고약한 냄새를 풍겨서 스스로를 방어해요. 하지만 아무리 고약한 냄새라도 호랑꼬리리머가 싸움을 벌일 때 풍기는 냄새에 비하면 아무것도 아니에요.

이거 알면 천재

쌀쌀한 아침이면, 호랑꼬리리머는 꼿꼿이 앉아 팔을 쭉 벌리고, 하얀 배가 따뜻해지도록 햇볕을 쬐어요.

요건 모를걸!

호랑꼬리리머는 마치 곡예라도 하는 자세로 나무에 영역 표시를 해요. 먼저 물구나무를 서서, 발로 나무 몸통을 잡고, 나무에 엉덩이를 비벼요. 엉덩이에 특별한 분비샘에서 나오는 냄새나는 물질을 나무에 묻히는 거예요.

범고래

범고래는 엄청나게 똑똑해요. 커다란 버스의 4분의 3만큼이나 몸길이가 자랄 수 있는 거대한 해양 포유류죠. 여기에 걸맞게 뇌도 커다래요. 영리한 머리에, 길이가 10센티미터에 달하는 이빨을 더하면, 세계 최강 포식자가 탄생하는 거지요. 범고래는 무작정 사냥하지 않아요. 여럿이 함께 뭉쳐서 교활하게 먹이를 공격할 줄 알아요. 심지어 독특한 사냥 기술을 알아내서 새끼들에게 가르치기까지 해요! 범고래는 코끼리와 (우리와 같은) 영장류만큼이나 복잡한 사회관계를 이루며 살아요. 40마리까지 함께 모여 대가족을 이루고, 가장 나이 많은 암컷이 무리를 이끌어요. 같은 무리끼리 소통하는 고유한 소리도 있어요. 휘파람과 딸깍거리는 소리를 내면서 소통하지요. 돌고래도 이런 소리로 서로 소통하고 심지어 더 많이 내는데, 범고래는 놀랍게도 이런 돌고래의 언어까지 배울 수 있답니다. 무섭게 똑똑하다고요!

이거 알면 천재

어느 범고래 무리는 남극에서 함께 사냥할 때 거대한 파도를 일으켜요. 그러면 얼음덩어리 위에 있던 바다표범이 파도에 싹 쓸려 나오지요.

요건 모를걸!
범고래는 사실 돌고랫과에 속하는 가장 큰 동물이에요.

동물 천재 주목! 영리한 행동

똑똑한 걸까요, 특이한 걸까요? 범고래는 원래 똑똑하게 태어났어요. 해양 포유류를 통틀어서 뇌가 가장 큰 동물이 향유고래이고, 두 번째가 범고래예요. 단순히 뇌의 크기만 큰 게 아니에요. 몸집이 큰 만큼 뇌가 크면서 아주 정교하죠. 범고래의 뇌는 주름이 많아서 겉넓이, 즉 표면적이 넓어요. 뇌의 넓은 표면적은 지능이 높다는 지표가 돼요. 범고래는 엄청나게 똑똑하다는 증거를 다 가지고 있지요.

드래곤이 존재한다고?

용은 소설이나 영화에만 나오는 생물인 줄 알았나요? 다시 생각해야겠는걸요! 여기에 나오는 '드래곤'들은 진짜거든요.

파란갯민숭달팽이(블루 드래곤)

화사하고, 주름 장식이 많은 이 동물은 '나새류'라고도 하는 갯민숭달팽이 (바다 민달팽이)의 한 종류예요. 대서양, 태평양, 인도양의 열대 수역과 온대 수역을 따라 떠다니지요. 배 속에 공기 방울이 있어서 둥둥 뜰 수 있어요. 파란갯민숭달팽이를 함부로 만지면 독침에 쏘일 수 있으니 조심해야 해요.

코모도왕도마뱀(코모도 드래곤)

인도네시아 태생인 이 도마뱀은 몸길이가 3미터, 몸무게가 136킬로그램까지 자라고, 먹고 싶은 건 뭐든지 많이 먹어요. 가만히 누워 있다가, 먹이가 아무것도 모르고 다가오면 그대로 덮쳐서 칼 같은 이빨로 물어뜯죠. 코모도왕도마뱀에게 물리면 독이 퍼져서, 쇼크에 빠진 먹이는 꼼짝 못 하게 된답니다. 으악!

용노래기(핑크 드래곤)

몸길이가 겨우 3센티미터지만, 작다고 얕보지 마세요. 태국에 사는 뾰족뾰족한 용노래기는 색만 화려한 게 아니라 독이 있어요. 독성을 지닌 산인 시안화 수소를 생산하여 자신을 보호하죠.

날도마뱀(플라잉 드래곤)

드라코도마뱀이라고도 알려진 날도마뱀은 크기가 찻잔만 해요. 동남아시아 정글에서 살며, 이 나무에서 저 나무로 날아다녀요. 여분의 긴 갈비뼈를 자유롭게 펴거나 접을 수 있어서, 피부 주름을 쫙 펼쳐서 날개로 만들어요. 최대 9미터까지 활공할 수 있고, 가느다란 꼬리와 앞다리로 방향을 조종해요.

벌새

부리를 맞대고 거침없이 힘을 겨루는 벌새들

벌새는 크기가 겨우 어른의 엄지손가락만 하지만, 작은 몸에 놀라운 위력으로 가득 차 있어요. 아메리카 곳곳에 사는 이 놀라운 새는 한 번에 몇 분 동안 허공에서 제자리에 정지한 듯이 날갯짓을 하고, 뒤로 나는 것도 쉽게 할 수 있는 유일한 새예요. 대부분의 다른 새와는 달리, 벌새는 날개를 모든 방향으로 움직일 수 있고, 심지어 8자 모양으로 움직이는 것도 가능할 정도로 정밀하게 조종하며 날아요. 벌새는 하늘을 날 힘을 얻기 위해, 끝이 갈라진 혀로 날마다 꽃 1천 송이에서 1만 칼로리의 달콤한 꽃꿀을 빨아 먹어요. 이건 마치 사람이 1분에 한 번씩 탄산음료를 마시는 것과 같아요.

이거 알면 천재

벌새는 몸집이 작을지는 몰라도 맹렬해요. 자기 영역에 다른 새가 오면 쫓아내는데, 여기서 다른 새란 벌새만 뜻하는 게 아니에요. 어치, 까마귀, 심지어 매와도 맞붙어요.

동물 천재 주목! 유별난 습성

벌새는 한 가지 항목에서만 눈에 띄는 게 아니에요. 크기, 귀여움, 힘, 똑똑함, 이상한 혀 등 온갖 항목에서 최고의 영예를 차지하죠. 어떤 생물이 어떤 다양한 특성을 나타내는지 꼽을 때마다, 높은 순위는 벌새가 차지해요.

요건 모를걸!

벌새가 벌처럼 침을 쏘고 다니진 않아요. 하지만 1초에 100번까지 날갯짓을 하면서 벌처럼 붕붕 소리를 내죠.

개

퍼즐 상자를 킁킁거리는 개

개는 우리에게 가장 친한 친구이자, 우리의 학생이에요. 사회적 동물인 개는 다른 이들이 하는 행동을 보고 배워요. 여기서 주목할 점은, 강아지들이 문제를 해결할 때 다른 개를 보고 배울 뿐만 아니라, 사람이 하는 행동을 보고도 배운다는 점이에요! 생후 8주 된 강아지들을 데리고 다음과 같은 실험을 했어요. 간식을 퍼즐 상자에 넣고, 강아지에게 간식 꺼낼 시간을 2분 주었는데, 절반 정도가 성공했어요. 다음으로 다른 강아지 또는 사람이 퍼즐 상자를 여는 모습을 보여 준 뒤, 8주 된 강아지들이 스스로 열게 했더니, 이번에는 간식을 훨씬 더 잘 찾았어요. 퍼즐 상자를 다른 개가 여는 것을 봤든, 사람이 여는 것을 봤든, 그건 상관이 없었어요. 이 실험에서, 개는 적응력이 뛰어나고 다른 사회 환경에서도 학습을 잘한다는 걸 알 수 있어요. 멋지지 않나요!

이거 알면 천재

개는 모양, 크기, 생김새가 가지가지예요. 하지만 (곤충이나 물고기와는 다르게) 생물학적으로 단 하나의 종으로 여겨요. 그래서 개는 지구상에 걸어 다니는 생물 가운데 개체가 가장 다양하죠.

동물 천재 주목!
영리한 행동

개가 문제를 해결하는 방식을 보면, 얼마나 사람에게 의지하는지를 알 수 있어요. 개는 문제를 꽤 잘 해결하지만, 문제가 잘 안 풀릴 때는 스스로 알아내려는 노력을 그만두고 사람에게 도움을 구해요!

요건 모를걸!

이 보더콜리의 이름은 '체이서'예요. 천 가지 단어를 익힌, 세계에서 가장 똑똑한 개지요. 체이서는 '장난감 냄새 맡기'와 '장난감 가져오기'의 차이도 구별할 줄 알았고, 그 밖에도 아는 단어가 많았어요.

다음 장을 넘기면, 보기만 해도 유쾌한 개와 이들을 빛나게 가꿔 주는 사람을 만날 수 있어요.

**동물 천재를 소개합니다 :
제스 로나**

제스 로나는 고양이를 키우는 집에서 자랐어요. 반려견 미용사가 되었을 때 별 도움이 되는 경험이 아니었죠. 어느 날, 매니저가 랩('래브라도 리트리버' 품종을 줄여서 표현한 말)한테 리드(목줄)를 채우라고 했는데, 제스는 완전히 당황하고 말았어요. 대체 랩이 누구고, 리드가 무엇인지 알아야 말이지요!

20년이 훌쩍 지난 지금, 제스는 개에 관해서라면 여러 가지 도움말을 줄 수 있는 전문가가 되었어요. 제스는 자신을 '웃기는 반려견 미용사'라고 소개하며, 특유의 미용 스타일과 유머로 이름을 떨치고 있지요.

제스는 수년 동안 낮에는 반려견 미용사로 일하고, 밤에는 코미디언과 배우로 일했어요. 그러다 누들의 동영상을 찍게 되면서 제스의 세상은 달라졌어요. 누들은 털이 길고 귀가 처진 페키니즈 품종의 개예요. 제스가 드라이어로 털을 말려 주는데, 마치 할리우드 배우가 패션 사진을 촬영하는 장면처럼 누들의 귀가 바람에 날리는 것을 보게 됐죠. 제스는 휴대폰을 가져와 영상을 찍고, 음악도 넣었어요.

"저한테는 무엇보다도 가장 재미난 일이라는 걸 깨달았어요."

곧이어 제스는 반려견 고객을 찍은 슬로 모션 뮤직비디오를 많이 만들어서 자신만의 미용 스타일을 마음껏 뽐냈어요. 화려하면서도 재미난 반려견 스타일을 말이죠. 제스는 강아지의 동작과 딱 아떨어지는 음악을 골랐어요. 강아지의 감정까지도 표현하는 듯한 음악으로요. 이렇게 만든 영상들을 SNS에 올리자 널리 퍼져 나가며 화제가 되었고, 제스와 강아지들이 모두 유명해졌답니다.

"반려견 미용사가 제 직업이 될 줄 정말 몰랐어요. 그런데 이 일을 계속하다 보니 결국 제 삶이 되었죠. 반려견 미용사와 코미디언이라는 두 세계가 만나면서, 꼭 마법 같은 일이 벌어졌어요."

제스 로나 반려견 미용사 · 코미디언

물거미

물거미는 유럽과 북아시아에 사는 작은 거미예요.
공기 호흡을 하면서도 대부분의 시간을 물속에서 지내는 영리한 방법을 알지요. 물거미는 공기 주머니 속에서 살고, 먹고, 알까지 낳아요! 물거미는 수중 식물 사이에 거미줄을 친 다음, 수면에서 다리털 사이에 머금은 공기 방울을 가져와 물속 집에 채워요. 자기 몸을 감쌀 만큼만 공기 방울을 만들기도 하지만, 대개 온몸이 안에 들어갈 만큼 큰 공기 주머니를 만들어요. 공기 주머니 속보다는 주변 물속에 산소가 더 많아서, 공기 주머니가 자연스럽게 산소를 끌어당기고 거미가 내뱉은 이산화 탄소를 내보내거든요. 덕분에 늘 공기가 깨끗해서 거미가 쉽게 숨 쉴 수 있어요.

 **동물 천재 주목!** 멋진 보금자리

거미는 사막, 숲, 땅굴, 초원, 어쩌면 여러분의 방구석까지, 곳곳에 살고 있어요. 그런데 물속에 사는 거미가 있다니! 몇 가지 특별한 기술과 특별한 집이 있어서 가능한 것이지요.

이거 알면 천재

물거미는 짧은 다리털에 공기를 머금어서, 공기 주머니 바깥에서 헤엄칠 때 숨을 쉴 수 있어요. 마치 스쿠버 다이버가 공기통을 메고 다니는 것과 같아요!

요건 모를걸!

스쿠버 공기통이 나오기 전, 사람들은 다이빙 벨(또는 잠수종. 종 모양으로 생긴 잠수 기구)을 사용해서 바닷속을 탐험했어요. 공기가 채워진 빈 통에 들어간 채 잠수하는 것이지요. 컵을 뒤집어 물속으로 똑바로 밀어 넣으면 컵 안의 공기가 빠져나가지 않는 것과 같아요. 물거미를 영어로 '다이빙 벨 스파이더(Diving bell spider)'라고 하는데, 바로 이 기구에서 이름을 따온 거랍니다.

나의 동물 아바타는?

여러분 안에 숨겨진 동물은 무엇일까요?
나를 보여 주는 동물 아바타를 찾아 보세요.

출발!

팀 스포츠를 좋아하나요?

- 친구는 많을수록 좋아요. →
- 물론이죠! →

친구랑 노는 게 좋나요, 혼자 노는 게 좋나요?

- 혼자서도 잘 놀아요. →

평소에 뭐 하고 놀아요?

- 모험을 즐겨요.
- 사부작사부작 뭐든 만들기를 해요.
- 아 하늘을 올려다봐요.

당신은 독수리!
똑똑하고, 독립적이고, 훌륭한 둥지 건축가죠.

친구로서 어떤 자질을 갖췄나요?

- 꾸짖고 아낌없이 베푸는 사랑해요.
- 나는 친절하고, 아주 다정한 친구예요.
- 나는 늘 믿을 수 있는 든든한 친구예요.

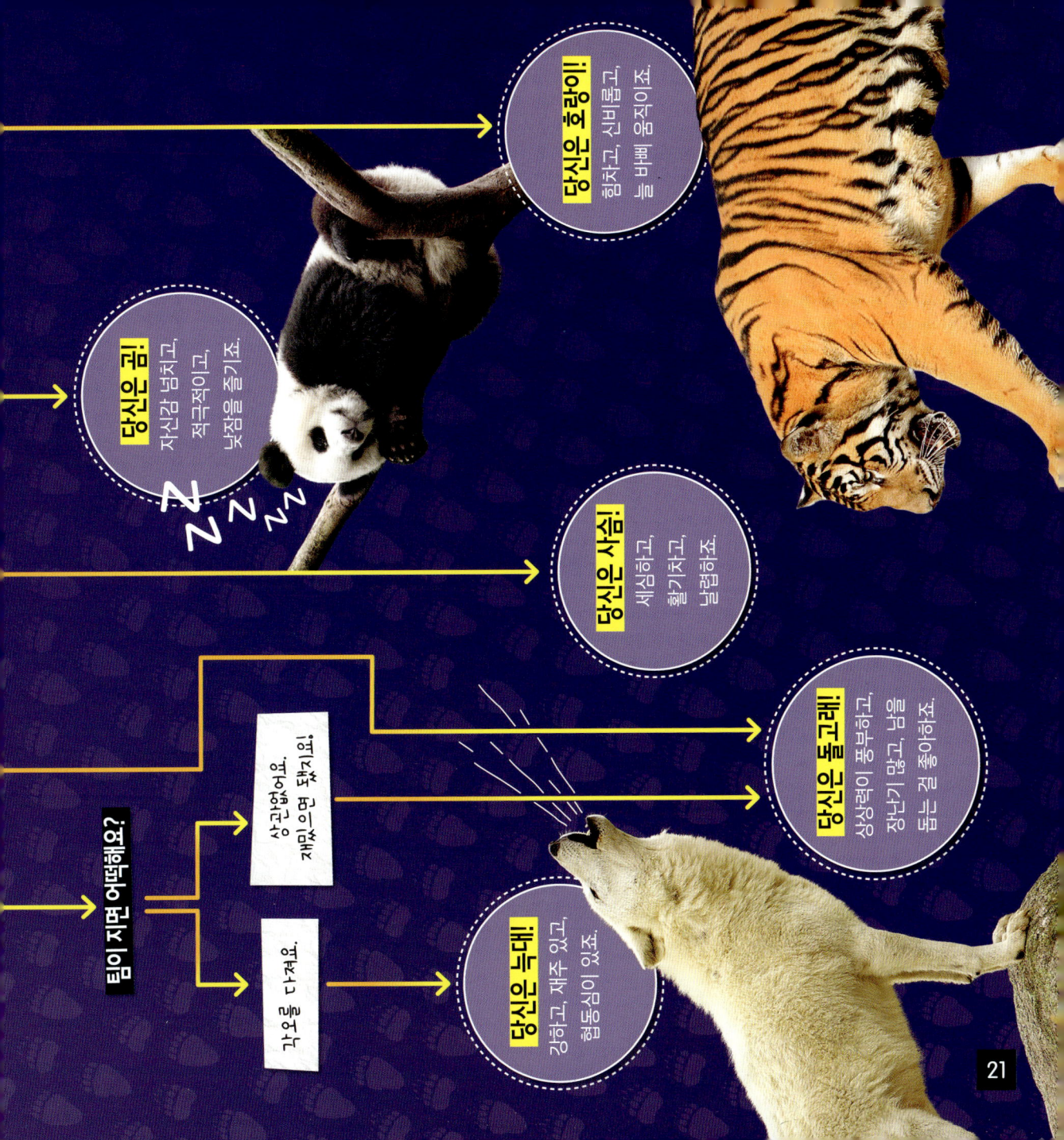

아델리펭귄

아델리펭귄은 남극에서 가장 작은 펭귄일지 몰라도, 개성은 특대 사이즈예요. 조그만 아델리펭귄은 땅에 꼿꼿이 서서는, 자기보다 훨씬 더 큰 황제펭귄 새끼에게도 날개를 휘두르며 쫓아내요. 때로는 커다란 바닷새와 물개는 물론이고, 자신을 잡아먹을 수도 있는 포식자들과 싸워요. 아델리펭귄 수컷은 돌멩이로 테두리를 둘러 둥지를 멋지게 만들어서 암컷에게 구애해요. 마음에 드는 돌멩이가 없을 때는 옆집 둥지에서 돌멩이를 훔쳐 오기도 하죠.

이거 알면 천재

남극에 간 초기 탐험가들은 펭귄을 처음 보고 무엇으로 여겨야 할지 몰랐어요. 처음에는 물고기라고 생각했다가, 그게 틀렸다는 걸 깨닫고 반은 물고기, 반은 새로 여겨야 한다고 생각했어요!

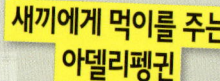
새끼에게 먹이를 주는 아델리펭귄

동물 천재 주목! 유별난 습성

똑똑한 건지, 이상한 건지? 아델리펭귄은 어릴 때 걸핏하면 싸우도록 훈련받아요. 태어나서 겨우 11일만 지나면 서로 부리나 깃털을 움켜잡고 날개로 서로 후려치기 시작하죠. 그 시기에는 장난으로 싸우기도 하지만, 덕분에 생후 3주밖에 안 된 아델리펭귄이 다른 어른 펭귄이나 포식자와 맞서 실제로 싸우게 될 때를 대비할 수 있답니다.

요건 모를걸!

아델리펭귄 부모는 크릴새우를 입에서 게워 내어 새끼들에게 주는데, 그 전에 새끼들이 자신을 쫓아오도록 도망 다녀요. 처음에는 다른 펭귄의 새끼들도 먹이를 얻으러 뒤쫓아 오지만, 결국에는 진짜 새끼들만이 끝까지 부모를 쫓아가요. 다른 펭귄의 새끼들은 중간에 포기하지요.

아무 코 대잔치

피노키오는 저리 가렴. 여기 나온 동물들 앞에서는 명함도 못 내미니까. 동물의 왕국에서 코가 특이하게 큰 녀석들은 여기 다 모였어요.

코주부벌레

칸델라리아코주부벌레 같은 곤충은 길고 속이 빈 '코'가 자라는데, 창과 빨대를 합쳐 놓은 듯한 역할을 해요. 목이 마르면 이 부분을 나무껍질 속으로 집어넣고 수액을 빨아들여요.
영어로는 '랜턴플라이(Lanternfly)'라고 하는데, '등불 벌레'라는 뜻의 이름과는 달리 코는 물론 몸 어느 부위에서도 빛이 나진 않아요. 하지만 날개에 있는 무늬가 빛을 받으면 반짝여요.

코주부원숭이

코주부원숭이의 커다란 코는 생긴 것만 독특하고 멋있는 게 아니에요. 과학자들은 수컷의 커다란 코가 소리를 증폭시키는 역할을 한다고 생각해요. 그래서 수컷이 부르는 소리나 외침이 더 크게 울려서, 암컷에게 깊은 인상을 주고, 다른 수컷한테는 겁을 주지요. 이건 정말 효과가 있어요. 코주부원숭이의 코가 클수록 여자 친구가 많다는 사실이 밝혀졌거든요!

코끼리땃쥐

큰 눈과 귀, 뾰족하고 작은 주둥이. 사랑스러운 조합이에요. 하지만 외모만 돋보이는 건 아니에요. 코끼리땃쥐의 주둥이는 길고, 유연하고, 놀랍도록 예민해서, 개미, 흰개미, 열매, 어린 식물의 부드러운 싹을 찾아내고 실컷 먹기에 완벽해요. 이름은 코끼리땃쥐지만, 땃쥐 종류라기보다는 코끼리와 땅돼지에 더 가까워요. 코 모양을 보면 알 수 있죠.

코끼리바다물범

다 자란 수컷의 몸집은 자동차 한 대 크기만큼 거대해요. 하지만 코끼리바다물범은 몸집 말고도 다른 무기를 갖고 있어요. 코끼리 코와 비슷한 코를 잔뜩 부풀려서 큰 소리로 상대를 위협하지요. 이때 코에서 "두둥두둥" 하고 북 치는 듯한 소리가 나는데, 1.6킬로미터 떨어진 곳에서도 들릴 정도로 우렁차답니다.

아처피시(물총고기)

아처피시는 물속에서 살아요. 지느러미가 있는 친구라면 다 그렇듯이요. 아처피시가 가장 좋아하는 먹이는 거미, 귀뚜라미, 벌레예요. 다들 아처피시에게는 닿지 않는 나뭇가지나 잎 위에서 돌아다니는 녀석들이지요. 물 밖에 있는 먹이를 먹는 방법은 무엇일까요? 명중시키는 거죠! 아처피시는 수면 가까이 떠 있다가, 맛난 먹이가 보이면, 입 속으로 물을 쭉 빨아들였다가 물줄기를 찍 쏴서 나뭇가지에 앉아 있는 벌레를 명중시켜요. 시력이 좋고, 목표물을 정확히 맞혀요. 명중 가능한 범위도 깜짝 놀랄 만큼이에요. 수면 위로 1.5미터 거리에 있는 먹이도 맞히니까요. 벌레 입장에서 보면, 물총에 맞아 잡아먹히는 꼴이지요. 그래서 우리말로는 '물총고기'라고도 한답니다.

동물 천재 주목! 놀라운 미식가

아처피시가 즐기는 먹이 때문이라기보다는, 먹이를 확실하게 확보하는 멋진 솜씨 때문에 '미식가'라고 불러 봤어요. 아처(Archer)는 영어로 '활 쏘는 사람'이라는 뜻이에요. 물줄기를 활 쏘듯 쏴서 명중시키는 솜씨는 로빈 후드도 울고 갈 정도랍니다.

이거 알면 천재

줄무늬가 있는 가장 일반적인 아처피시의 학명은 톡소테스 야쿨라트릭스(Toxotes jaculatrix)예요. 톡소테스는 그리스어로 '활 쏘는 사람'을 뜻하고, 야쿨라트릭스는 라틴어로 '창 던지는 사람'이라는 뜻이에요.

요건 모를걸!

아처피시는 물을 무작정 쏘아 대지 않아요. 표적을 정확히 맞히기 위해, 입 모양을 바꿔서 물을 조절해 가며 쏘지요. 몇몇 다른 똑똑한 동물들처럼, 물을 '도구'로 이용하는 셈이에요. 물고기는 우리가 생각하는 것보다 훨씬 영리한 것 아닐까요?

사막거북

사막거북이 사는 곳은 격렬하게 뜨거운 여름과 지독히 추운 겨울이 모두 있는 지역이에요. 하지만 완벽한 피난처가 있지요. 크고 둥그런 등딱지 속에 숨는 걸 말하는 게 아니에요. 사막거북은 돌투성이인 지역에 1~1.8미터 깊이로 굴을 파요. 겨울에는 굴에서 겨울잠을 자요. 여름에도 굴로 들어가 반쯤 잠든 상태가 돼요. 대개는 날씨 좋은 봄과 가을에만 나와서 먹고 마셔요. 이런 전략은 상당한 효과가 있답니다. 사막거북은 야생에서 50년까지 살 수 있거든요.

이거 알면 천재

사막거북은 삶의 95퍼센트를 땅속에서 보내요.

요건 모를걸!

사막거북에는 여러 종이 있고 각각 등딱지 모양이 조금씩 다르지만, 모두 미국 남서부와 멕시코 북서부에서 살아요.

동물 천재 주목! 멋진 보금자리

돌이 많은 사막 땅을 파헤치는 건 보통 일이 아니에요. 하지만 사막거북은 앞다리가 튼튼하고 발톱이 날카로워서 굴을 팔 수 있어요. 사막거북이 사는 미국 유타주의 모하비 사막은 8월에는 섭씨 48도까지, 1월에는 영하 13도까지 오르내려요. 땅을 잘 파서 얼마나 다행인지 몰라요.

동물 연예 뉴스

작은 거인들

슈퍼파워를 지닌 동물들이 주인공으로 등장하는 만화책이 새로 나온다고 상상해 볼까요? 전혀 힘이 셀 것 같지 않아 보이는 캐릭터일수록 진짜 놀라운 슈퍼히어로가 되겠죠. 여기 소개할 친구들처럼, 아주아주 작은 몸집에 어울리지 않는 엄청난 파워를 자랑한다면 말이에요.

어디서든 살아남는다! 우주에서도 끄떡없다!

히어로 이름:
원더베어
진짜 정체: 완보동물(물곰)
슈퍼파워: 웬만해선 안 죽는다.
특기: 몸을 공처럼 말아서 방사선 및 극한의 온도 견디기

스스로를 쏘아 올려 악당을 덮친다!

먼지 털어 내듯 악당을 가볍게 내던진다!

히어로 이름:
스프링레그
진짜 정체: 벼룩
슈퍼파워: 스프링 같은 다리
특기: 자기 몸길이의 50배에서 100배 높이까지 뛰어오르기

내 몸무게 × 850

히어로 이름:
파워비틀
진짜 정체: 장수풍뎅이
슈퍼파워: 엄청난 힘
특기: 자기 몸무게의 850배 무게를 들어 올리기

해달

다른 녀석과 손을 잡고 누워 물에 둥둥 떠다니고, 자기 새끼를 배 위에 태워 주는 동물. 귀여움 폭발 경보음이 들리나요! 네, 꼭 껴안아 주고 싶은 해달 얘기예요.
해달은 북태평양 해안에 사는 족제빗과 포유류예요. 사랑스러움을 뿜어내는 데 전문일 뿐만 아니라, 기막히게 똑똑하기까지 해요. 해달이 좋아하는 식사는 튼튼한 껍데기로 몸을 보호하는 달팽이, 게, 조개 들이에요. 그래서 껍데기를 깨부수는 도구를 사용해요. 물에 등을 대고 누운 채로 가슴에 돌멩이를 얹어 놓고, 돌멩이에 조개를 탕탕 내리쳐요. 그러면 껍데기가 깨져서 맛난 조갯살이 나오지요.

해달이 조개껍데기를 깨서 벌리고 있어요.

동물 천재 주목! 영리한 행동

최근 연구에 따르면, 해달은 돌고래를 비롯한 해양 포유류보다도 훨씬 먼저 도구를 쓰는 방법을 알았다고 해요. 수천 년, 어쩌면 수백만 년 전부터 도구를 사용해서, 서로에게 가르쳐 주지 않아도 자연적으로 하는 행동이 된 거예요. 창의력이 정말 기발하죠.

이거 알면 천재

해달은 좋아하는 먹이를 얻기 위해 수심 100미터까지 잠수할 수 있고, 식사를 즐긴 후에는 언제나 깨끗이 씻어요.

요건 모를걸!

갓 태어난 새끼 해달은 물에 둥둥 뜨지만, 아직 약해서 헤엄을 못 쳐요. 그래서 어미 해달이 새끼를 배 위에 얹고 다니거나, 물에 떠내려가지 않도록 해초를 새끼 몸에 묶어 놔요.

말

말은 개와는 달라서, 꼬리를 흔들거나 장난기 가득한 소리로 짖으며 우리의 마음을 사로잡지는 못하지만, 나름대로 우리와 소통하는 방법이 따로 있어요. 우리가 별로 주의를 기울이지 않아서 잘 모를 뿐이죠. 말이 멀리 있는 양동이에서 당근을 꺼내 달라고 사람들에게 어떻게 '말'하는지 알아보는 실험이 있었어요. 말들은 저마다 사람에게 시선을 고정하고, 사람을 건드리기도 하고, 심지어 사람을 당근 쪽으로 밀기도 했어요. 또 다른 실험에서 말들은 나무 판자에 그려진 기호를 선택하여 주둥이로 눌러, 담요를 '덮고 싶다' 또는 '벗고 싶다'는 의사를 표현하는 법을 익히기도 하고, 당근이 먹고 싶을 때 컴퓨터 화면의 그림을 터치하는 법을 익히기도 했답니다.

동물 천재 주목! 영리한 행동

말이 학습 속도가 빠르다는 사실은 오래전부터 알려져 왔어요. 훈련시키기도 꽤 쉽지요. 최근 몇몇 실험에서는 말의 지능이 굉장히 높다는 사실이 밝혀졌어요. 말은 심지어 소통 방법을 바꾸기도 해요. 사람이 이해할 만한 방식으로요.

이거 알면 천재

1800년대 후반, '클레버 한스'라는 말은 어떤 질문에든 발굽을 두드려 답을 해서 사람들을 깜짝 놀라게 했어요. 알고 보니, 말이 답을 알고 있었던 건 아니었어요. 옳은 답을 내리는 순간 조련사가 안도하는 것을 감지하고, 바로 그때 발굽 두드리는 걸 멈춘 것이지요.

요건 모를걸!

말은 사진을 보고 사람의 웃는 얼굴과 찡그린 얼굴을 구별할 수 있다는 것이 실험을 통해 밝혀졌어요.

동물과 의사소통을 하면 좋은 점이 많아요! 다음 장을 펼치고 내용을 확인해 보세요.

진짜로?! 동물은 정말 '나쁜 사람'을 알아챌까?

우리 주변에 동물이 있다는 건 행운이에요. 사람은 위험이 다가오는 줄도 모르는데, 동물이 먼저 알아챈 이야기가 정말 많아요. 동물은 누가 착하고 나쁜지, 누가 믿을 만한지 아닌지 다 알아요. 어떻게 알아내는 걸까요? 동물은 사람을 판단하는 특별한 능력이 있는 것 같아요. 이런 얘기는 작가와 영화 제작자가 만들어 낸 것일까요? 아니에요. 우리가 오랫동안 의심해 온 문제, 즉 '동물은 사람의 다양한 성격과 의도를 구별할 수 있다'는 게 사실이라는 증거를 찾는 연구가 계속되고 있어요. 예를 들어, 개는 보통 낯선 사람을 보면 일단 아무런 의심을 하지 않아요. '죄를 지은 게 입증될 때까지 죄가 없는 것'으로 보는 무죄 추정의 원칙처럼요. 하지만 낯선 사람이 자기 주인에게 불친절한 행동을 하는 것을 보면, 그 사람을 더는 믿지 않아요.

이러한 사실을 보여 주는 간단한 실험이 있어요. 개 주인이 낯선 사람에게 도움을 청해요. 이때 낯선 사람이 개 주인을 도와주었더니, 개는 낯선 사람을 다른 사람과 똑같이 대했어요. 그 사람이 주는 간식도 기쁘게 받아먹을 정도로요. 반면, 낯선 사람이 개 주인을 도와주지 않자, 개는 그 사람을 쌀쌀맞게 대했어요. 그 사람이 주는 간식도 거절했고요.(개한테는 대단한 일이에요!) 신뢰가 깨진 거죠. 꼬리감는원숭이도 개와 같은 반응을 보였어요. 이처럼 우리 편이 되어 주는 동물들이 있으니, 마음 든든하지 않나요!

이거 알면 천재

애니메이션 「코코」에는 충성스러운 개 '단테'가 나와요. 단테는 '숄로이츠퀸틀'이라는 견종으로, 고대 마야와 아스텍에서는 이 개들이 영혼을 사후 세계로 안전하게 인도한다고 믿었어요.

태즈메이니아 데빌

시끄러운 식사 시간

오스트레일리아에 사는 태즈메이니아데빌은 캥거루처럼 육아낭을 가진 유대류예요. 태즈메이니아데빌이 먹는 걸 '좋아한다'는 말은 심각하게 과소평가한 표현이에요. 상상도 못 할 만큼 사납게, 먹는 것에 온몸을 던지거든요! 다른 녀석이 자신의 먹이를 넘보면, 으르렁거리고 깩깩 소리를 지르죠. 태즈메이니아데빌은 겨우 30분 만에 자기 몸무게의 40퍼센트에 달하는 양을 먹어 치울 수 있어요.(사람이 특대형 핫도그 150개를 먹는 것과 같아요. 별로 잘하는 짓은 아니죠.) 이렇게 잔뜩 먹고 나면 뒤뚱거리며 잘 걷지도 못해요. 태즈메이니아데빌은 식성이 까다롭지도 않아요. 작은 포유류와 새 정도는 직접 사냥하지만, 보통은 주변에 죽어서 쓰러져 있는 동물을 먹어요. 얼마나 오래됐든 개의치 않아요. 이빨과 턱이 튼튼해서 뼈까지 먹어 치운답니다.

동물 천재 주목! 놀라운 미식가

어쩌면 '미식가'라는 표현은 태즈메이니아데빌의 식습관에 어울리지 않을지 몰라요. 하지만 이 동물이 식사에 진심인 건 확실해요. 한 끼 식사를 위해 16킬로미터 떨어진 먼 곳까지 가고, 꼬리가 뚱뚱해질 때까지 배부르게 먹으니까요.

이거 알면 천재

태즈메이니아데빌들이 서로 마주치면, 귀가 붉게 물들어요. 이빨은 날카롭고 울음소리도 무시무시한데 귀까지 빨간 모습을 보고, 초기 유럽 정착민이 '데빌(Devil, '악마'라는 뜻)'이라고 불렀어요.

바다 구스베리

자기 몸으로 '조명 쇼'를 펼치는 바다구스베리는 빗해파리에 속해요. 투명하고, 말랑말랑한 젤라틴 성분으로 가득하며, 타원 모양이에요. 빗처럼 생긴 줄 여덟 개가 몸을 둥글게 감싸고 있는데, 이것을 '빗판'이라고 해요. 바다구스베리가 물에 떠다닐 때 빗판을 따라 빛의 파동을 내보내요. 빗판은 작은 노처럼 움직이며, 무지갯빛을 띠어요. 바다구스베리는 연약해 보이고 크기도 작지만, 크릴새우 같은 조그만 갑각류 입장에서 보면 탐욕스러운 포식자예요. 기다란 촉수 두 개에 먹이가 걸리면, 촉수로 먹이를 휘감고 돌려서 빗판 가까이 가져가요. 그러면 빗판을 통해 먹이가 입으로 옮겨지지요.

빗판에서 펼쳐지는 조명 쇼

동물 천재 주목! *개성 있는 패션*

바다구스베리는 여러 면에서 눈길을 사로잡아요. 우선 몸통이 투명해요. 게다가 몸속에서는 형광 불빛이 번쩍거리고요. 멋쟁이 바다 생물이죠. 하지만 바다구스베리는 자신이 얼마나 멋지게 생겼는지 알지도 못해요. 여느 해파리처럼 뇌가 없으니까요. 대신, 주위를 감각하는 신경망이 있지요.

이거 알면 천재
바다구스베리는 한 몸에 수컷과 암컷의 생식 기관을 모두 가진 '암수한몸'이에요.

바다구스베리가 크릴새우를 먹고 있어요.

요건 모를걸!
바다구스베리는 다른 해파리 친척과는 다르게 촉수에서 침을 쏘지 않아요. 촉수는 먹이가 들러붙도록 끈적끈적한 물질로 덮여 있어요.

동물 천재에게 여행지를 추천합니다
빅메이저케이

여행객을 위한 꿀팁 넷!

1 빅메이저케이에는 오직 배를 타야만 갈 수 있다.

2 일찍 도착할수록 좋다. 늦은 오후에는 돼지들이 지쳐서 주로 해변에 앉아 쉰다.

'돼지 섬'에 오신 것을 환영합니다!

진흙 속에서 뒹굴기보다 수정처럼 맑은 물에 몸을 담그기를 더 좋아하는 돼지들도 있어요! 빅메이저케이라고도 알려진 피그비치는, 바하마 제도의 엑서마 지역에 있는 섬이에요. 백사장 주위로 청록색 바닷물이 둘러싼 곳이지요. 이 섬에는 야생 돼지만 살고 있어요. 어떻게 이곳에 돼지들이 오게 됐는지는 아무도 몰라요. 현지에서 전해지는 이야기에 따르면, 수십 년 전에 난파된 배에서 돼지들이 섬으로 헤엄쳐 왔거나, 선원들이 나중에 다시 와서 구워 먹으려고 돼지를 풀어놓고 갔다가 돌아오지 못한 거라고 해요. 휴! 다행이네요. 돼지가 어쩌다 이 섬에 살게 됐든, 관광객들이 이 돼지들을 좋아한다는 건 확실해요. 돼지들도 관광객을 반기고요. 섬에 배가 다가오면, 돼지들은 바닷물에서 헤엄치며 배를 맞이해요. 관광객이랑 나란히 수영하고, 해변을 거니는 관광객을 뒤따라가요. 돼지를 좋아하는 사람들에게 이곳은 천국이죠.

3 돼지들이 음식을 가진 사람을 쫓아오므로(덩치가 꽤 큰 녀석들도 있다) 해변에선 먹지 않는 게 좋다.

4 만약 다른 동물을 보고 싶다면, 근처에 사는 수염상어와 이구아나를 만나 보자.

복어

흰점박이복어 수컷은 자연에서 볼 수 있는 가장 멋진 작품을 만들어요. 일본 근처 바다에 사는 흰점박이복어는 모랫바닥에서 7일에서 9일 동안 쉬지 않고 동그란 언덕을 만들어요. 언덕은 마치 거대한 꽃처럼 보이는데, 너비가 2미터에 달해요. 흰점박이복어는 능선을 조개류의 껍데기로 장식하고, 퇴적물을 덮어서 독특한 모양과 색깔이 돋보이게 해요. 왜 이런 일을 할까요? 짝이 될 암컷의 마음을 사로잡기 위해서예요.

사랑을 담아 완성한 흰점박이 복어의 작품

동물 천재 주목! 멋진 보금자리

원형 언덕을 만드는 물고기는 다른 종류도 있지만, 흰점박이복어의 예술적 솜씨에는 발끝도 못 미쳐요. 능선과 조개 장식, 고운 퇴적물 뿌리기 등은 모두 흰점박이복어만의 독특한 스타일이랍니다.

이거 알면 천재
복어는 포식자로부터 도망치는 데 도움이 되도록, 물이나 공기를 꿀꺽꿀꺽 들이마셔서 몸집을 평소보다 몇 배나 크게 부풀려요.

요건 모를걸!
흰점박이복어 암컷이 원형 보금자리의 어떤 점에 끌리는 건지 과학자들도 잘 몰라요. 어쩌면 그냥 고운 퇴적물이 좋은 건지도 모르지요.

꼭꼭 숨어라, 머리카락 보일라!

바위인 듯 바위가 아닌 듯, 바위 같은 생물들이 있어요.
바위를 닮아서 무엇이 좋을까요?

늑대거미

세계 곳곳에서 흔하게 볼 수 있는 이 거미는 먹이를 사냥하려고 모래 주위를 맴돌아요. 위장술 덕분에 포식자로부터는 안전하고, 먹잇감에는 몰래 다가갈 수 있어요. 위험을 눈치채지 못한 곤충에게 가까이 다가가 확 덮친 다음, 맛난 식사를 즐기지요.

스톤피시

이 '바위'를 집어서 던질 생각은 하지도 마세요. 세상에서 가장 독성이 강한 물고기니까요. 스톤피시는 태평양과 인도양 밑바닥에 가만히 있어요. 몸에서 해조가 자랄 정도로 꼼짝도 하지 않아요! 먹잇감(작은 물고기나 조개류)이 지나갈 때까지 가만히 있다가, 예고도 없이 그대로 꿀꺽!

퓨라 칠렌시스

멍게의 일종으로, 칠레와 페루 해안에서 살아요. 돌멩이처럼 생겼을 뿐만 아니라, 움직이는 모습조차 돌처럼 보여요. 단단한 껍질 속은 붉은색이어서 '피 흘리는 바위'라는 으스스한 별명이 붙었어요.

아가마

이 도마뱀은 주로 남아프리카에서 발견돼요. 뱀과 새들한테 잡아먹히지 않으려고 얼룩덜룩한 바위 위에 피해 있죠. 그게 아니라면, 짝을 찾는 수컷이에요. 다만 이때는 머리가 파란색으로 변해 있어요!

베스트 동물 시상식
1위는 누구?

가장 유명해질 것 같은 동물 1위

하마는 몸무게가 3,600킬로그램까지 나갈 만큼 몸집이 거대하지만, 물속에서는 우아한 수영 선수예요. 게다가 육지에서는 인간의 속도도 따라잡을 정도로 빨라요. 확실히 돋보이는 동물이죠. 그 가운데서도 피오나를 만나 보세요. 2017년 미국 오하이오주 신시내티에 있는 신시내티 동물원에서 태어난 피오나는, 동물원 최고의 인기 스타예요. 동물원 기념품 티셔츠와 자석, 모자에 귀여운 피오나의 얼굴이 장식될 정도지요. 게다가 인기 있는 토크 쇼에 출연하기도 했어요. 하마가 가진 매력을 다 지녔으니, 놀랄 일도 아니지요!

> 너, 나중에 유명해졌다고 나 모른 척하기 없기!
> — 뽀뽀와 포옹을 전하며, 회색앵무

올해도 수영팀의 MVP가
되어 줘서 고마워!
즐거운 여름 보내!

― 아홀로틀 ♥

유리날개나비, 86-87쪽

세발가락나무늘보, 128-129쪽

회색앵무, 158-159쪽

아홀로틀, 204-205쪽

꿀벌

춤을 추며 정보를
주고받는 꿀벌들

꿀벌은 존경받아 마땅해요. 벌 한 마리가 꽃가루를 모으러 나갈 때마다 꽃 100송이쯤 들를 만큼 부지런히 사는 데다가 똑똑하기도 하거든요. 벌들은 각각 다른 벌을 관찰하고 새로운 방법을 시도하면서 꽃가루 모으는 방법을 배워요.(꽃 속으로 들어가기 힘들 경우에는? 꽃 아래쪽을 뜯어내서 꽃가루를 빨아내죠!) 또한, 벌들은 가장 좋은 꽃이 있는 곳을 기억해서 다른 벌에게 알려 줘요. '8자 춤'을 추며 그 꽃을 찾아가는 방법을 가르쳐 주죠. 위쪽으로 똑바로 움직이면, 벌집에서 태양 쪽으로 가라는 뜻이고, 아래쪽으로 움직이면 태양에서 떨어져 있다는 뜻이고, 왼쪽과 오른쪽으로 움직일 때는 각 방향에서 얼마나 떨어져 있는지를 나타내요. 그런 다음, 천천히 또는 빠르게 반원을 그리며 꽃들과의 거리를 나타내요. 춤을 더 오래 출수록, 먹이의 품질이 더 좋다는 뜻이에요. 어쩌면 벌처럼 '부지런히' 말고, 벌처럼 '똑똑하게' 살자고 말해야 할지도 모르겠네요.

이거 알면 천재
꿀벌은 사람의 얼굴을 알아보고, 구별할 수 있어요.

동물 천재 주목! 영리한 행동

꿀벌은 가장 좋은 꽃에서 꽃가루 얻는 방법을 알 뿐만 아니라, 8자 춤이라는 상징을 써서 서로 의사소통을 해요.(빠르게 반원='꽤 가까워', 느리게 반원='멀리 있어') 정말 놀라운 수준의 지능이에요.

요건 모를걸!

꿀벌은 수를 셀 수 있어요.(4까지만요. 그래도 대단하죠!) 그리고 간단한 덧셈과 뺄셈도 할 수 있어요.

야생 속 팝 아트

현대 미술관에서도 이렇게 눈에 띄는 무늬를 찾기란 쉽지 않을걸요!
야생에서 빚어진 예술 작품을 감상해 볼까요?

호랑이
호랑이가 풀숲 사이를 어슬렁거릴 때면, 줄무늬 덕분에 눈에 잘 띄지 않아요. 길게 자란 풀들이 군데군데 그림자를 드리워서, 호랑이의 줄무늬가 배경에 묻히거든요.

얼룩말

얼룩말이 한데 모여 있으면, 얼룩말 한 마리가 어디서부터 어디까지인지 도통 알아보기 힘들어요. 그래서 포식자들은 잡아먹을 얼룩말을 고르기가 어려워져요. 얼룩말한테 줄무늬는 슈퍼파워와 같아요. 더위를 식혀 주고, 벌레가 물지 않게 보호해 주죠. 또한 포식자들에게 혼동을 주는 것으로 보여요.(아직 확실하게 밝혀진 사실은 아니에요.)

마블드긴털족제비

흑백이 뚜렷한 얼굴이라 눈에 띌 것 같지만, 몸에 여러 색을 띤 무늬가 있어서 모래밭이나 산 목초지, 강둑 등 주변 환경에 잘 섞여 들어요.

기린

기린의 무늬는 나름대로 일정해요. 이 무늬는 어미에게서 물려받아요. 이 무늬가 새끼 기린들을 포식자로부터 더 안전하게 지켜 준다는 연구 결과가 있어요. 아마 새끼 기린을 위장시키는 데 도움이 되어서 그럴 거예요.

많은 예술가들이 동물에게 영감을 받아요. 다음 장에서 만나게 될 동물 천재도 마찬가지고요.

동물 천재를 소개합니다: 매슈 리베라

여러분도 언젠가는 만나게 될지 몰라요. 기린을 올려다보거나, 집에서 기르는 토끼에게 씌울 작은 모자를 만들거나, 터무니없이 짧은 넥타이를 매고 있는 매슈 리베라를 말이에요.

모두 예술을 위한 행동이죠. 매슈 리베라는 이야기가 잘 전달되도록 어린이책에 그림을 그려요. 많은 그림에서 동물들은 말도 안 되는 행동을 해요.

카멜레온이 원숭이의 사진을 찍고, 호랑이가 오케스트라를 지휘하고, 공룡은 요가를 해요. 하지만 진짜처럼 그럴듯해 보여요. 매슈 리베라가 동물들의 생김새, 특성, 행동을 잘 포착해서 표현하기 때문이에요.

매슈 리베라는 동물원에 가서 동물을 스케치해요. 원숭이가 꼬리를 휙 움직일 때 어떻게 움직이는지, 기린의 목을 아래서 올려다보면 어떻게 보이는지 알 수 있거든요. 또, 바다를 항해하는 토끼 이야기에 그림을 그릴 때는, 자신이 키우는 토끼인 리지를 모델 삼아서 간단하게나마 선장 모자를 만들어 보기도 했어요.

때때로 매슈 리베라는 등장인물의 심정을 직접 경험해 봐요. 길이가 맞는 넥타이가 없어서 풀이 죽은 기린의 심정을 이해해 보려고 길이가 터무니없이 짧은 넥타이를 맨다든지, 공룡이라면 어떻게 요가를 할지 자신이 직접 요가 동작을 해 보는 식으로요.

"자연사박물관에 가서 공룡 화석을 스케치하는 것으로는 부족해요. 직접 요가를 해 봐야 했지요. 이런 자세를 하면 어떤 기분일까? 디플로도쿠스는 이 자세에서 목을 뻗을 때 어떤 기분이 들까? 이렇게 궁금해하면서요."

매슈 리베라는 요가의 나무 자세를 취하다가 자꾸만 균형을 잃고 넘어졌어요. 그러자 트리케라톱스도 똑같이 그랬을 거라는 생각이 들었지요. 그래서 그림도 그렇게 그렸어요. 매슈 리베라는 처음 크레용을 잡을 수 있게 되었을 때부터 내내 동물을 그려 왔고 자신의 작품을 사랑해요. 그리고 다른 사람들도 자신의 그림을 사랑하고 아껴 주기를 바라고 있답니다.

> "그림 작가가 되면서, 내가 동물을 집중적으로 그리게 될 줄 알고 있었어요. 언제나 동물을 사랑했거든요. 내 그림에는 앞으로도 늘 동물이 나올 거예요."
>
> **매슈 리베라** 그림 작가

송장벌레

송장벌레는 새끼들을 풀이나 나뭇잎 덤불에 두지 않아요. 꿈틀거리는 작은 송장벌레 애벌레를 맞아 주는 특별한 육아방은, 바로 죽은 동물의 사체예요. 멋지지 않나요? 송장벌레는 진지하게 책임을 다해요. 화학 물질을 감지하는 더듬이로, 쥐나 새 같은 작은 동물이 최근에 죽은 곳을 찾아가요. 그러고는 사체를 집으로 끌고 가 보금자리를 준비하지요. 땅에 구멍을 파고는 가져온 동물 송장을 집어넣어요. 그러고는 사체를 야금야금 씹어서 알을 낳을 포근한 자리를 만들어요. 암컷이 그곳에 알을 낳으면, 알은 48시간 뒤에 부화해요. 애벌레는 자신이 머무는 곳, 동물의 사체를 먹으며 자라나죠.

 **동물 천재 주목!** 유별난 습성

이걸 어떻게 봐야 할까요? 송장벌레는 사체를 '집과 먹이', 두 가지 수단으로 쓰고 있어요. 좀 오싹할 수 있지만, 다른 동물의 사체가 재활용되는 자연스러운 과정이에요. 사체를 그냥 내버려 두는 것보다야 훨씬 낫지요.

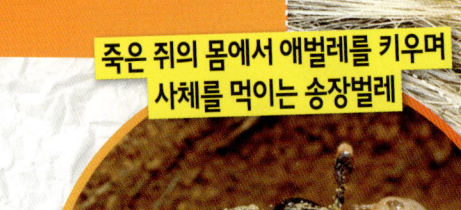

죽은 쥐의 몸에서 애벌레를 키우며 사체를 먹이는 송장벌레

이거 알면 천재

송장벌레는 입과 엉덩이에서 나오는 특별한 액체를 사체에 발라서, 사체가 너무 빨리 썩지 않게 해요.

요건 모를걸!

송장벌레는 동물의 사체 밑에서 다리를 컨베이어벨트처럼 움직여서, 자기 몸의 200배나 더 큰 사체도 공처럼 굴리며 1미터 거리까지 운반할 수 있어요.

뱀파이어

뱀파이어 이야기 알죠? 한밤중에 죄 없는 희생자들의 피를 빨아 먹으며 돌아다닌다는. 다행히 그냥 이야기일 뿐이에요. 아니, 진짜려나요? 진짜 살아 있는 뱀파이어를 만나 보세요. 혹시 모르니, 뱀파이어가 싫어한다는 마늘을 준비해 두고요!

흡혈박쥐(뱀파이어박쥐)

라틴 아메리카에 사는 흡혈박쥐는 몸집이 쥐만 해요. 포유류 가운데 유일하게 피를 먹고 살아가지요. 주로 소, 돼지, 말, 새의 피를 먹어요.
뱀파이어처럼 송곳니를 박고 피를 쭉쭉 빠는 건 아니고, 동물 피부에 부드럽게 상처를 낸 뒤 피를 핥아 먹어요.

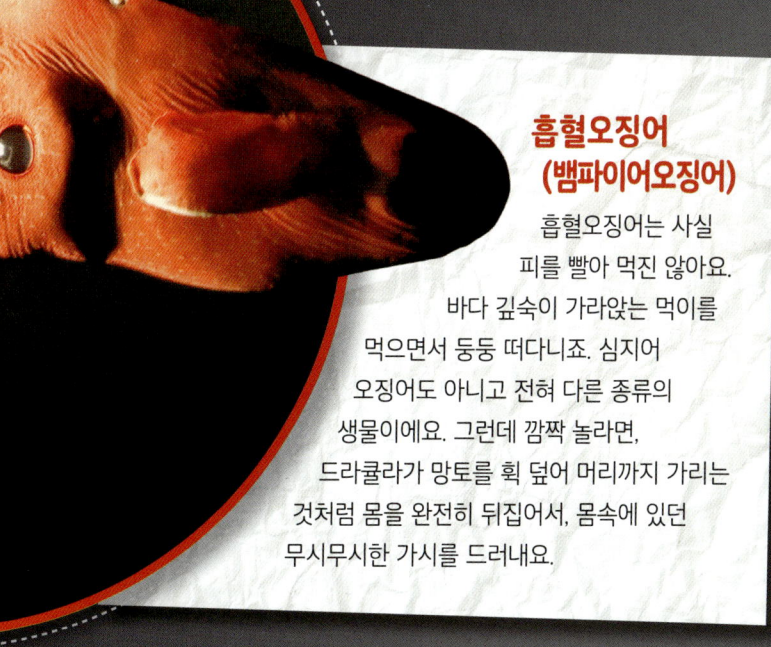

흡혈오징어
(뱀파이어오징어)

흡혈오징어는 사실 피를 빨아 먹진 않아요. 바다 깊숙이 가라앉는 먹이를 먹으면서 둥둥 떠다니죠. 심지어 오징어도 아니고 전혀 다른 종류의 생물이에요. 그런데 깜짝 놀라면, 드라큘라가 망토를 휙 덮어 머리까지 가리는 것처럼 몸을 완전히 뒤집어서, 몸속에 있던 무시무시한 가시를 드러내요.

뱀파이어비행개구리

베트남에 사는 작은 갈색 개구리로, 나무에서 날아내릴 수 있어요. 발가락 사이에 있는 물갈퀴가 활공을 돕거든요. 뱀파이어라는 이름이 붙은 이유는 따로 있어요. 올챙이일 때 입 밑으로 무시무시하게 생긴 날카로운 송곳니가 달려 있기 때문인데, 아마 알을 깨고 먹는 데 사용하는 것으로 보여요.

뱀파이어크랩

강렬한 색깔과 번뜩이는 노란색 눈을 가진, 으스스하게 멋진 모습을 한 작은 민물 게예요. 드라큘라 백작도 이 모습에 질투가 날걸요. 뱀파이어크랩은 먹이를 찾으러 밤에 나오는데, 무엇이든 먹이가 될 수 있어요. 피만 빼고요.

별코두더지

별코두더지는 북아메리카의 습지와 늪에 살아요. 굉장히 별나게 생겼죠? 코끝에 달린 커다란 분홍색 별이 보이나요? 이 별 모양 기관은 초특급으로 민감해요. 여기에 돌기 22개가 나 있는데, 길이가 다양하고 모든 방향으로 뻗어 있죠. 별코두더지가 벌레나 수생 곤충 같은 먹이를 찾느라 축축한 흙을 뚫고 갈 때, 돌기들은 끊임없이 눈에 보이지 않을 만큼 빠르게 움직여요. 1초에 서로 다른 방향으로 열두 곳이나 더듬으면서, 촉감을 느끼는 동시에 냄새도 맡아요. 게다가 돌기들은 흙이 콧구멍으로 들어가지 않게 막아 주기까지 한답니다!

 **동물 천재 주목!** *개성 있는 패션*

별코두더지가 여러분을 만나면 가장 먼저 분홍색 별 모양 코를 내밀어 보일 거예요. 독특한 부분을 내보여서 관심 끌려는 건 아니에요. 별 모양의 특이한 돌기에는 신경 섬유가 10만 개 넘게 있고, 모두 별코두더지의 뇌에 연결되어 있지요. 분명 개성 있는 패션이에요.

이거 알면 천재
별 모양 돌기 뒤쪽에는 작은 앞니가 있어요. 땅에서 작은 먹이를 집어 올리는 핀셋 역할을 하죠. 이때 앞니가 먹이를 낚아채도록 돌기들이 쫙 벌어져요.

요건 모를걸!
별코두더지는 물속에서도 냄새를 맡을 수 있어요. 코로 공기 방울을 불었다가 다시 콧구멍으로 빨아들이는 방식으로요.

어떤 동물의 능력을 지닌 히어로가 되고 싶나요?

동물이 지닌 능력을 이기기란 어려워요. 만화책 속 슈퍼히어로도 그걸 잘 알죠. 자신의 동물적 본능을 찾아 보고, 다음 중에 어느 히어로와 비슷한지 알아보세요.

출발!

다른 동물처럼 되고 싶나요?

네, 굉장히 멋져 보여요.

변신할 마음이 있나요?

가까이 변신하고 싶어요.

박쥐

과거, 현재, 신화 속 어떤 동물의 능력이든 가질 수 있어요. 다른 동물의 능력을 흉내 낼 수 있는 마법이 '탄투' 토템을 사용하거든요.

잠깐만요. 변신요? 음, 그냥 힘만 가지고 싶어요.

아니요, 지금도 난 멋지니까. 하지만 힘은 좀 더 있으면 좋겠어요.

힘을 어떻게 얻을 수 있을까요?

신비한 물건을 가지겠어요?

네!

많이 배우고 훈련하겠어요?

돌연변이가 돼도 괜찮아요?

벌레한테 물려도 되겠어요?

역대 먼 옛날에 죽은 사람이 나타나서

62

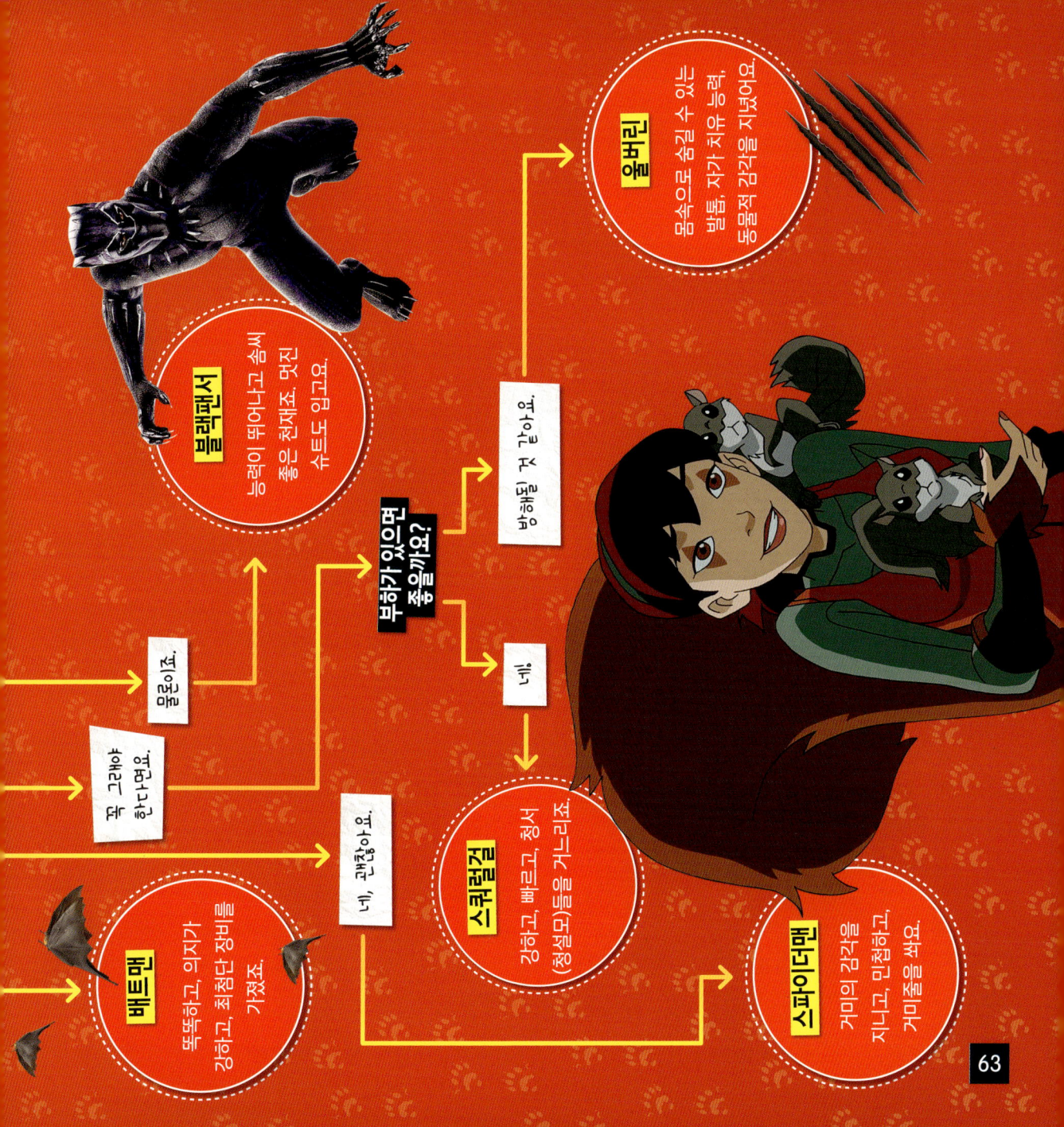

닷거미

곤충 먹이를 나르는 암컷 닷거미

닷거미 수컷은 암컷의 관심을 끄는 방법을 확실하게 알아요. 아니, 아는 것 같아요. 암컷의 마음에 이르는 가장 빠른 길은 맛있는 즙이 많은 곤충을 선물하는 거예요. 그래서 수컷은 곤충을 잡아 자신의 아름다운 거미줄로 감싸서 암컷에게 줘요. 선물이 마음에 들면, 암컷은 수컷의 짝이 돼요. 하지만 수컷이 곤충을 잡지 못할 때도 있어요. 빈손으로는 암컷 가까이 갈 엄두도 못 내고요. 이럴 때 수컷은 조약돌이나 다른 쓸모없는 것을 거미줄로 감싸서 암컷을 속여요.

 **동물 천재 주목!** 유별난 습성

누군가에게 반했을 때 선물을 주는 건 언제나 좋은 생각이에요. 하지만 닷거미한테 선물은 필수예요. 닷거미 암컷은 선물을 가져오지 않는 녀석에겐 눈길도 안 주거든요. 그렇다고 잡동사니를 거미줄에 싸서 굉장한 선물인 척하는 건 멋지지 않아요. 완전 별로예요.

이거 알면 천재

닷거미 암컷은 알주머니와 새끼를 보호하려고 주변에 거미줄을 쳐요. 그래서 영어로는 Nursery web spider(육아 그물 거미)라고 불러요. 암컷은 거미줄 바깥에서 포식자들이 새끼들을 잡아먹지 못하도록 보초를 서며 지켜요.

요건 모를걸!

닷거미는 거미줄을 쳐서 먹이를 잡지 않아요. 닷거미는 사냥꾼이에요. 게다가 빨라요. 가까이에 파리나 곤충을 발견하면, 잡아먹으려고 재빠르게 달려가죠.

닷거미 수컷(왼쪽)이 암컷에게 다가가고 있어요.

베타

비단결처럼 야들야들해 보이는 지느러미에 속지 마세요. 이 물고기는 성격이 괄괄하니까요. 베타는 동남아시아의 얕은 물, 즉 물살이 잔잔하거나 느리게 흐르는 논과 강 유역에서 살아요. 건기에는 개울에 물이 다 말라 버리는데, 그런 경우도 베타는 버틸 수 있어요. 수면 위에서 공기를 들이마시는 특별한 능력이 있어서, 얕은 웅덩이에서도 잠시 살 수 있어요. 또는 웅덩이에서 뛰어올라 물이 더 깊은 옆 웅덩이로 옮겨 가기도 해요. 베타는 자신들의 영역을 누가 침범하는 걸 싫어해요. 그래서 집에서 기를 때는 문제가 생길 수도 있어요.

관상용으로 기르는 베타는 야생 베타보다 색이 더 화려해요.

이거 알면 천재

수컷 베타는 침으로 공기 방울을 만들어 모아서 보금자리로 삼아요. 수컷은 암컷이 낳은 알을 이 보금자리로 가져와서 부화할 때까지 보살펴요.

 **동물 천재 주목!** 유별난 습성

진흙 웅덩이처럼 살아가기에 별로 좋지 않은 환경에서는 성격이 괄괄한 게 좋아요. 베타는 예전에 '샴싸움고기'로 알려졌는데, 영역을 차지하려는 싸움이 치열해요. 다른 물고기를 쫓아내기도 하고, 심지어 어항 벽에 비친 자기 모습을 상대로 싸우기까지 해요.

요건 모를걸!

야생 베타는 보통 칙칙한 갈색이나 황록색인데, 경쟁자를 겁주거나 암컷의 관심을 끌 때 몸에 더 화사한 빛깔이 올라와요. 반려 동물로 인기가 많은 빨간색과 파란색 베타는 선택 교배로 태어났어요.

사람들은 반려 동물에게 많은 사랑을 줘요. 하지만 함께 사는 동물에 관해 제대로 알고 있을까요? 다음 장을 넘겨 보세요.

진짜로?! 반려 동물에게도 비밀스러운 삶이 있을까요?

반려 동물이 혼자 있을 때 무엇을 하는지 궁금하지 않을 사람이 있을까요? 영화 같은 데서 보면, 온순한 강아지와 새끼 고양이들이 집에서 슬쩍 빠져나가 탐정이나 영웅으로서 험난한 모험을 떠나거나, 자기들끼리 파티를 벌이기도 하죠. 주인이 외출에서 돌아왔을 때, 바닥에 쓰레기가 널브러져 있거나 베개가 찢어져 있다면, 집을 비운 사이에 자신의 반려 동물이 진짜로 즐거운 시간을 보냈다고 의심할 수 있어요. 진실을 따지자면 좀 더 복잡해요. 물론, 많은 개와 고양이가 쓰레기통에서 맛난 음식 조각을 뒤지기를 좋아해요. 하지만 혼자 남겨져서 스트레스를 받아도 주위를 난장판으로 만드는 경우가 있어요. 개는 분명한 사회적 동물이고, 고양이도 아무리 독립적으로 행동한다 해도 함께 있어 주길 원하죠. 반려 동물은 주인과 함께 있는 것을 더 좋아해요. 하지만 혼자 지내는 것에 익숙해질 수도 있어요. 안전한 환경을 만들고, 승부욕을 불러일으키는 퍼즐 장난감으로 지루할 틈이 없게 하고, 주인이 입던 셔츠와 익숙해지게 하면, 떨어져 지내기가 좀 더 쉬워질 수 있어요. 만약 반려 동물이 여러분이 곁에 있을 때 충분히 관심받고, 운동하고, 정서적인 자극을 받아 만족스러운 상태라면, 아마 혼자 있는 동안 많은 시간을 잠자며 보낼 거예요. 따라서, 여러분이 집을 비운 동안 반려 동물이 좋은 시간을 보내고 있다는 가장 좋은 신호는⋯⋯ 집에 돌아와서 아무런 변화를 느끼지 못할 때예요. 난장판도 만들지 않고, 시끌벅적 파티도 벌이지 않고요. 물론, 반려 동물이 진짜로 비밀 스파이라면, 자신들이 벌인 행적을 감쪽같이 덮을지도 모르죠.

이거 알면 천재

여전히 반려 동물이 몰래 무슨 일을 벌이고 있다고 생각하나요? 이제는 주인이 밖에서도 온종일 반려 동물을 확인할 수 있는 캠을 사용하면 되지요. 심지어 원격으로 간식을 주는 장치도 있어요.

요건 모를걸!

1950년에 「피너츠」 만화에 처음 등장한 스누피만큼 비밀스러운 삶을 사는 가상의 반려 동물은 아마 없을 거예요. 때때로 스누피는 '제1차 세계 대전의 격추왕'으로서, 적군의 조종사인 레드 바론과 공중전을 벌이기도 했으니까요. 또, 선글라스를 낀 대학생인 '조 쿨'이 되기도 하고요.

하늘을 나는 오싹한 동물

우리 머리 위로 휙 날아가는 동물은 새와 곤충만이 아니랍니다.

나무뱀

히익! 뱀이 날아와서 공격한다고요? 사실, 나무뱀은 그냥 포식자로부터 도망치는 것뿐이에요. 이 뱀은 나뭇가지에서 뛰어내린 다음, 평소 몸통 너비의 두 배가 되도록 몸을 납작하게 만들어서 활공해요. 몸을 앞뒤로 구불거리면서 방향을 조절하고요.

하늘다람쥐

평범해 보이는 신대륙하늘다람쥐에게는 깜짝 놀랄 특성이 있어요. 이 하늘다람쥐는 활공만 하는 게 아니에요. 자외선을 받으면 진한 분홍색으로 빛나요. 형광 분홍색은 자기들끼리 서로 알아볼 수 있게 해 주고, 포식자를 겁주어 쫓아내기도 해요.

공중을 활공하는 하늘다람쥐

날여우(큰박쥐 또는 과일박쥐)

큰박쥐 또는 과일박쥐라고도 하는 날여우는 날개를 펼친 길이가 1.5미터에 달하고, 과일을 먹어요. 많은 박쥐가 눈이 퇴화되어 반향 정위(자신이 낸 소리가 사물에 부딪쳐 돌아오면, 그 소리를 분석하여 사물의 방향, 거리, 크기 등을 파악하는 방식)를 사용하지만, 날여우는 눈으로 직접 보면서 날아요. 박쥐는 활공을 하는 게 아니라 날갯짓을 해서 동력 비행을 하는 유일한 포유류예요. 어미 날여우는 새끼를 배에 매단 채 하늘을 날기도 해요.

슈가글라이더

캥거루처럼 육아낭을 가진 유대류로, 손바닥 크기만 해요. 앞다리와 뒷다리에 얇은 피부를 펼치고, 털이 덥수룩한 꼬리를 방향타처럼 움직여 방향을 조종하며 하늘을 날아요. 축구장의 절반 길이인 50미터까지도 활공할 수 있어요.

흰개미

보통 흰개미를 사람이 사는 집을 파괴하는 나쁜 동물로 여기지만, 흰개미는 자신의 집을 스스로 지을 수 있는 위대한 건축가이기도 하답니다. 오스트레일리아, 아시아, 아프리카에 사는 어떤 흰개미 종류는 진흙과 흙, 자신의 침과 똥으로 거대한 흙을 쌓아 올려요. 이 탑은 높이가 9미터에 이르기도 하는데, 내부는 흰개미가 도시를 세운 듯한 모습이에요. 하지만 흰개미 탑에서 가장 놀라운 점은 크기가 아니에요. 탑 속에서 편안히 살 수 있는 방식이 기가 막혀요. 벽에는 공기가 통하도록 작은 구멍이 나 있고, 터널과 굴뚝은 안쪽 공기에 바깥 공기가 섞여들게 하는 구조여서, 신선한 공기와 알맞은 온도가 유지될 수 있어요.

동물 천재 주목! 멋진 보금자리

흰개미 탑은 매우 인상적인 구조예요. 전문 건축가들도 흰개미 탑에 영감을 받은 최첨단 디자인을 설계에 적용할 정도죠. 흰개미는 큰 건물에서 에너지를 지혜롭게 사용하는 방법을 사람들에게 가르쳐 주는 고맙고 멋진 동물이랍니다.

동물 천재에게 여행지를 추천합니다
친커티그와 애서티그섬

1 조랑말은 진짜 거칠다. 말 가까이 가면, 발로 차거나 물지도 모른다. 따라서 조랑말을 쓰다듬거나, 껴안거나, 먹이를 주면 안 된다.

2 조랑말을 관찰하는 가장 좋은 방법은 배를 타는 것! 보트 투어를 하거나, 카약을 빌려 타고 조랑말을 보면 된다.

야생 조랑말의 섬

친커티그는 마거리트 헨리가 쓴 『친커티그섬의 안개』라는 작품으로 유명해진 조랑말로, 실제로 존재해요. 이 조랑말을 만나고 싶다면, 미국 버지니아주의 친커티그 마을에서 가까운 애서티그섬으로 가 보세요. 야생 조랑말의 중심지거든요! 수백 마리도 넘는 야생 친커티그 조랑말이 아직도 애서티그섬에 살고 있어요. 이 섬은 미국 버지니아주와 메릴랜드주에 걸쳐 있어요. 조랑말들은 해변을 따라 자유롭게 돌아다니며 굵은 모래나 해안에서 자라는 풀을 우적우적 먹어요. 현지 전설에 따르면, 16세기에 해안에서 난파된 배에서 섬으로 온 스페인 말들의 후손이라고 해요. 야생 조랑말들은 사실 두 무리로 나뉘어 울타리로 분리되어 있어요. 애서티그섬 한쪽은 메릴랜드주에 속하고, 다른 쪽은 버지니아주에 속해서, 한 무리는 버지니아주의 야생 동물 보호 구역에 살고, 다른 무리(애서티그 말이라고 불려요)는 더 북쪽인 메릴랜드주에 있는 국립 공원에 살거든요.

여행객을 위한 꿀팁 넷!

3 미국 버지니아주에 있는 멋진 마을 친커티그(이 마을이 있는 섬 이름도 친커티그섬이다)로 가려면, 우선 워싱턴이나 뉴욕으로 가서 차를 타고 몇 시간 더 가야 한다.

4 버지니아주의 야생 동물 보호 구역에서 자전거를 타고 다니며, 독수리, 물수리, 왜가리, 그 밖에 여러 새를 보는 것도 좋은 방법이다.

북극여우

북극은 살기 힘든 곳이에요. 바위가 많고 황량한 곳인 데다, 겨울에는 영하 50도까지 뚝 떨어질 만큼 바람이 거세고 추워요. 하지만 북극여우는 이런 환경도 견뎌 낼 수 있어요. 털이 발바닥까지 두툼하게 나 있어서 몸을 따뜻하게 유지해 주죠. 사냥할 수 있게 위장 역할도 해요. 눈 내리는 겨울에 북극여우도 하얗게 보여서 눈에 잘 안 띄거든요. 봄이 오면 털 빛깔이 갈색이나 회색으로 변해요. 북극여우는 먹이 찾는 솜씨가 뛰어나요. 눈 속 깊은 곳에서 먹이가 움직이는 소리가 들리면, 북극여우는 공중으로 휙 뛰어올랐다가 머리부터 눈 속으로 뛰어들어서는 먹이를 낚아채죠.

먹이를 잡으러 뛰어든 북극여우

동물 천재 주목! 영리한 행동

북극여우가 혹독한 북극의 겨울에도 잘 먹기 위해서 뭐든지 해내는 걸 보면 얼마나 똑똑한지 알 수 있어요. 상황이 정말 어려워지면, 북극여우는 먹이를 잡는 힘든 일을 북극곰이 하게 놔두고, 나중에 남은 먹이를 먹어 치우죠. 이런 방식으로 체력은 아끼면서 식사는 제대로 한답니다.

이거 알면 천재

북극여우는 다른 여우에 비해 몸통이 둥글고, 귀와 입과 다리가 더 짧아요. 이렇게 오밀조밀해야 추위에 최소한으로 노출되거든요. 게다가 몸을 웅크리면, 북슬북슬한 꼬리로 코까지 덮을 수 있어요.

요건 모를걸!

북극여우 부부는 평생 함께 살고, 새끼를 함께 키워요.

옹기종기 모여서

껴안고 싶게 생겼든 아니든, 아래 나온 동물들은 굴속에서 함께 바짝 붙어 웅크리며 친하게 지내요.

토끼

어른들이 귀여운 아기한테 "우리 똥강아지!"라고 하는 말을 들어 봤죠? 영어로는 "껴안고 싶은 우리 토끼들(Snuggle bunnies)!"이라고 해요. 그럴 만도 하죠. 토끼는 때때로 다른 토끼 몇 마리와 함께 굴에서 살아요. 땅굴에는 특별한 육아방을 비롯하여, 미로 같은 통로와 여러 방이 있어요. 새끼들은 아직 털이 없어서 몸이 따뜻하도록 서로 꼭 붙어 있어요. 종종 자리를 바꿔서, 가장 따뜻한 가운데 자리를 돌아가면서 차지해요.

혹멧돼지

날카롭고 구부러진 엄니를 보면, 혹멧돼지들이 굴에서 옹기종기 모여 있는 것을 좋아할 것 같지가 않아요. 하지만 암컷들은 좋아해요. 수컷은 혼자 다니길 좋아하지만 암컷은 붙임성이 좋아서 다른 암컷과 새끼들과 육아방을 함께 써요.

미어캣

아프리카에 사는 미어캣은 아주 사교적인 동물이에요. 최대 40마리까지, 몇몇 가족이 모여 크게 무리를 이루어요. 미어캣은 함께 놀고, 어린 미어캣들에게 먹이 찾는 방법을 가르치고, 서로 털을 손질하며 많은 시간을 보내요. 밖에서 하루를 보낸 뒤, 굴속에서 서로 바짝 붙어 밤을 보낸답니다.

굴파기올빼미

이 작은 올빼미 한 쌍은 나무가 필요 없어요. 땅굴에 둥지를 틀거든요. 가까이 사는 다른 굴파기올빼미들과 공동체를 이루고 사는 경우가 많아요. 심지어 둥지 밖에서도 쌍으로 나뭇가지에 앉아 서로 머리를 문지르며 구구거려요.

아메리카붉은청서

이 조그마한 청서는 단것을 좋아해요. 다른 청서들과 마찬가지로 침엽수 씨앗, 솔방울, 견과류, 딸기류 열매 그리고 앞발로 잡을 수 있는 작은 건 뭐든 갉아 먹어요. 또, 먹을 게 거의 없는 겨울을 나기 위해 먹이를 저장해요. 견과류와 씨앗을 여기저기에 묻고, 다른 많은 먹이를 더미로 쌓아요.

하지만 아메리카붉은청서라면 무엇보다도 단풍나무 수액 사랑이 으뜸이죠! 비축해 둔 씨앗이 떨어질 무렵, 아메리카붉은청서는 단풍나무 껍질에 작은 구멍을 내요. 구멍에서 수액이 나무껍질 아래로 흘러내린 뒤 말라붙으면, 청서가 다시 와서 달콤한 간식을 핥아 먹어요.

이거 알면 천재

청서(청설모)와 다람쥐는 같은 다람쥣과지만 조금 달라요. 청서가 다람쥐보다 몸집이 더 크지요. 다람쥐는 등에 줄무늬가 있고요. 청서는 주로 나무 위에서 생활하며 열매와 나뭇잎 등을 먹고 때로는 새의 알도 먹어요. 다람쥐는 땅에서 더 많은 시간을 보내며 밤이나 도토리 등을 주워 먹지요. 또 다람쥐는 겨울잠을 자지만, 청서는 겨울잠을 자지 않아요.

동물 천재 주목! 놀라운 미식가

설탕은 우리 몸에 에너지를 줘요. 단것을 많이 못 먹게 하는 부모님도 그 사실만은 인정할 거예요. 그래서 겨울 끄트머리에 단풍나무 수액을 얻는 건 청서에게는 훌륭한 생존 전략이에요. 단풍나무 수액은 먹이가 절실한 시기에 엄청난 에너지를 줘요. 게다가 견과류와 씨앗만으로 긴 겨울을 보낸 뒤에 먹는 단풍나무 수액은 훌륭한 디저트가 되죠.

요건 모를걸!

청서는 눈 속으로 76센티미터 깊이에 파묻은 씨앗을 냄새로 찾을 수 있어요. 그럼에도 냄새 맡아야 할 곳을 때때로 잊어버려서, 땅속에 묻힌 씨앗은 나무로 새롭게 자라나요. 그 덕분에 숲은 더 울창해지지요.

떼베짜기새

이 새들은 참새만 한 크기에, 평범한 갈색 새처럼 보여요. 하지만 떼베짜기새는 세계에서 가장 놀라운 건축가예요. 겨우 한 쌍의 새와 알이 살 둥지는 짓지 않아요. 아예 다섯 쌍에서 백 쌍쯤에 달하는 떼베짜기새가 함께 살아갈 공동 둥지를 짓고 군락을 이루지요. 이 공동 주택은 나무나 기둥에 커다란 초가집이 높이 매달린 듯한 모습이에요. 굵은 가지로 지붕을 만들고, 풀로 멜론만 한 둥지를 따로 만들어요. 이 둥지 속은 보송보송한 식물, 목화솜, 털, 솜털 같은 아늑한 재료로 덧대어 꾸며요. 여러 세대가 공동 주택을 증축하고 리모델링하며, 대대로 함께 집을 꾸려 간답니다.

떼베짜기새의 아파트 단지

동물 천재 주목! 멋진 보금자리

이렇게 커다란 공동 둥지를 짓는 새는 떼베짜기새밖에 없어요. 떼베짜기새는 남아프리카의 칼라하리 사막과 나미브 사막에 사는데, 극도로 뜨거운 사막의 열기를 이 거대한 둥지가 막아 주죠. 게다가, 늘 주위에 공동체 구성원들이 있어서 서로 도와 새끼들을 돌볼 수 있어요.

동물 천재를 소개합니다: 크리스티앙 물레크

프랑스의 사진작가인 크리스티앙 물레크는 '새 천재'예요.

새를 너무 좋아해서 '버드맨'이라는 별명이 생겼어요. 특히 기러기를 좋아해요. 크리스티앙은 수년 동안 새들이 땅에서 뒤뚱거리고, 호수에서 헤엄치고, 해마다 머리 위로 이동하는 모습을 지켜보았어요. 그러다 걱정이 되었어요. 기러기 가운데 흰이마기러기 무리는 독일에서 더 멀리 북쪽에 있는 스칸디나비아로 이동하는 데 어려움을 겪어서 개체 수가 줄어들고 있었어요. 환경 보호 운동가들은 이들의 서식지에 더 많은 기러기를 들여오기 시작했어요. 크리스티앙은 도움을 주고 싶어서, 고아가 된 기러기들을 기르기 시작했어요. 그런 다음에는 자신이 공중으로 날아올랐지요. 크리스티앙은 세발자전거에 행글라이더와 프로펠러가 달린 듯한 모습으로 매우 가벼운 초경량 비행기를 개조해서 조종하는 법을 배웠어요. 그러고는 기러기 떼와 함께 하늘을 날며, 이동하는 길을 안내했어요.

팔을 뻗으면 닿을 만큼 가까운 거리에서, 날개를 펼치고 하늘을 가로지르는 기러기와 함께 나는 경험은 크리스티앙에게 매우 특별했어요. 크리스티앙은 그 감격을 다른 사람과 나누고 싶어서, 야생 기러기와 함께 하늘을 나는 모습을 카메라에 담았어요. 사람들이 그런 아름다운 장면에 마음이 움직여, 기러기를 보호할 수 있기를 바라면서요. 또, 크리스티앙은 새 보호 활동을 위한 기금을 모으기 위해 관광객을 비행기에 태워 줘요. 말 그대로, 동물 천재의 기량을 하늘 끝까지 끌어올렸다고 할 만하겠지요?

"지구에서 실현할 수 있는 가장 아름다운 일은, 천사와도 같은 새들과 함께 하늘을 나는 것입니다."

크리스티앙 물레크 사진작가 · '버드맨'

베스트 동물 시상식
1위는 누구?

패션 감각이 가장 뛰어난 동물 1위

강렬한 색상, 굵은 선, 수정처럼 깨끗한 날개. 유리날개나비는 정말 하나의 예술 작품 같아요. 투명한 날개는 뛰어난 패션일 뿐 아니라, 주변 배경에 쉽게 섞여서 포식자 눈에 안 띄게 하는 역할을 해요. 이 멋쟁이 곤충은 사람에게도 좋은 아이디어를 줘서 더 나은 삶을 살게 도움을 줬어요. 나비의 날개가 물에 잘 젖지 않는 특성과 유리날개나비 날개의 투명함을 연구하여, 비가 와도 물에 흐려지지 않고 김 서림도 없는 최첨단 유리가 개발됐거든요. 정말 멋지죠!

> 가끔 너를 봐도 너를 못 본 기분이야.
> 어쨌든 너는 내가 가장 좋아하는 패셔니스타야.
> 내년에 또 만나!!
>
> — 회색앵무

> 네 스타일 진짜 좋아! 따라 해야지!
>
> — 하마 ♥

하마, **48-49쪽**

세발가락나무늘보, **128-129쪽**

회색앵무, **158-159쪽**

아홀로틀, **204-205쪽**

코끼리

가죽이 두껍고 힘센 코끼리를 보고, 친절하고 영리해 보인다는 생각이 들지는 않을 거예요. 하지만 육지에 사는 동물 가운데 가장 커다란 코끼리는 아주 총명하고 순하답니다. 코끼리는 경험이 풍부한 암컷이 우두머리가 되어 공동체를 이끄는 모계 사회를 이루고 살아요. 같은 무리에 속한 어미들과 새끼들은 평생을 함께 살아가요. 함께 일하고, 서로의 새끼를 보호하고, 중요한 결정은 서로 상의해요. 이런 방식은 단순히 생존 전략만은 아니에요. 코끼리들은 진짜로 서로 공감하는 듯이 보여요. 아프거나 다친 코끼리를 뒤에 남겨 두지 않고, 심지어 화난 코끼리가 있으면 코로 쓰다듬어 주면서 진정시키려고 해요.

동물 천재 주목! 영리한 행동

코끼리가 기억력이 뛰어나다는 사실은 이미 알려져 있었어요. 코끼리 무리는 물 마시기 가장 좋은 웅덩이의 위치를 몇 년 동안이나 기억할 수 있어요. 먼 곳에 있는 웅덩이까지도요. 그런데 코끼리들이 이보다도 훨씬 더 똑똑하다는 게 밝혀지고 있어요. 코끼리는 도구를 사용하고, 다양한 방식으로 의사소통을 하고, 다른 동물과는 달리, 거울을 보고 자기 모습을 알아보기까지 해요.

요건 모를걸!

이빨 얘기를 안 할 수 없죠! 코끼리의 상아는 사실 기다란 앞니예요. 이 앞니로 땅을 파고, 들어 올리고, 자신을 방어하죠. 한편 코끼리의 어금니는 한평생 여섯 번에 걸쳐 빠지고 새로 나기를 반복해요.

이거 알면 천재

코끼리의 코는 입술과 코의 결합체일 뿐만 아니라, 맨 끝에 민첩한 '손가락'이 달린 것과 같아요. 이 코는 나무를 밀어 쓰러뜨릴 만큼 힘세고, 풀잎 한 줄기를 집어 들 수 있을 만큼 섬세하죠.

때까치

곱게 재잘대는 이렇게 작은 새가 어떻게 '도살자'라는 별명을 지녔을까요? 먹이 잡는 모습을 한번 보면 바로 고개를 끄덕일 거예요. 때까치는 참 살벌하게 사냥해요. 먼저 먹잇감을 확 덮쳐서, 정확히 목을 물어요. 이때 척수까지 콱 물어서 먹이가 꼼짝 못 하게 해요. 그러고는 먹이의 머리를 이쪽저쪽으로 휙휙 흔들어서 목뼈를 부러뜨려요. 여기서 끝이 아니에요. 이 먹이를 집에 가져와서는 가시나 잔가지, 심지어 가시철사 같은 꼬챙이에 꽂아 둬요.

동물 천재 주목! 유별난 습성

아마 여러분이 준비한 새 먹이통에 무시무시한 때까치가 찾아오기를 바라진 않겠죠. 하지만 '도살자'가 먹이에 진심이라는 건 인정할 수밖에 없을 거예요. 때까치는 포악한 포식자일 뿐 아니라, 사냥법이 참으로 독특해요.

이거 알면 천재

때까치는 곤충, 도마뱀, 쥐, 작은 새를 잡아먹어요. 때로는 자기 몸집만 한 생물도 먹고요.

요건 모를걸!

때까치는 때때로 먹이를 잠시 꼬챙이에 꽂아 놔요. 먹이가 썩기 시작하면서 뜯어 먹기 쉬워질 때까지요.

동물 연예 뉴스

'살짝 짜증 난 새' 오디션의 승자는?

앵그리버드 게임이 '화가 조금 덜 난' 버전으로 새롭게 출시되었다고 상상해 보세요. 게이머가 되고 싶은 진짜 동물들이 앵그리버드 새 버전의 캐릭터가 되려고 애쓸지도 몰라요.

참가 번호 1

수염수리 '부셔부셔'
- **특징:** 빨간 눈 테두리, 펼친 날개 양쪽 길이는 2.7미터
- **특기:** 거대한 뼈를 바위로 떨어뜨려 부수기
- **비밀:** 붉은 깃털은 타고난 게 아니다. 광물이 풍부한 흙이나 물에 물든 것이다.

참가 번호 2

갈매기 '와자작'
- **특징:** 대담함
- **특기:** 조개껍데기가 깨지도록 내동댕이치기
- **비밀:** 친구가 딴 데 볼 때 친구 것을 뺏는다.

참가 번호 3

화식조 '화르르'
- **특징:** 헬멧, 선명한 볏
- **특기:** 후다닥 달리기, 폴짝 뛰기, 칼처럼 날카로운 발톱으로 발차기
- **비밀:** 사실은 수줍음이 많다.

참가 번호 4

바비루사 '원투 펀치'
- **특징:** 주둥이 위에서 엄니가 자라남
- **특기:** 뒷다리로 서서 앞다리로 복싱
- **비밀:** 엄니는 깨지기 쉽고 꽤 쓸모없다.

오랑우탄

주황색 유인원 오랑우탄이 깊은 생각에 잠긴 듯이 보여도 놀라지 마세요. 진짜로 머리가 좋거든요. 오랑우탄은 잠을 잘 둥지를 매일 짓거나 고치고, 다양한 도구를 사용해요. 아, 정정할게요. 오랑우탄은 도구를 단지 사용하는 게 아니라, 아예 도구를 만들어요! 무엇이든 필요한 게 생기면, 나뭇가지나 잎으로 다양한 모양을 만들어서 벌레나 꿀을 퍼 올려 먹고, 손이 닿지 않는 곳을 긁고, 심지어 물 깊이도 재요. 한 실험에서, 오랑우탄은 조그만 간식이 가득 찬 바구니를 기다란 통 속에서 꺼내려고 철사를 구부리는 방법을 알아냈어요. 5~8세 어린이 모둠보다도 더 잘했죠. 오랑우탄은 사람이 그렇듯이 오랑우탄 무리의 전통을 서로에게 가르쳐요.

이거 알면 천재

비가 올 때 몸이 젖지 않게 커다란 나뭇잎으로 비옷을 만드는 오랑우탄도 있답니다.

동물 천재 주목! 영리한 행동

오랑우탄은 둥지를 짓고, 가르치고, 도구를 만들어요. 그런데 그뿐만이 아니에요! 인간을 제외한 영장류 중, 과거에 관해 이야기할 수 있는 건 오랑우탄이 유일해요. 굉장히 지능이 높은 것이지요. 한 실험에서, 어미 오랑우탄들은 '위협적인' 존재(호랑이 복장을 한 연구원)를 보고, 조용하고 재빠르게 새끼들을 안전한 곳으로 데려갔어요. 위협이 사라지고 나서야, 오랑우탄들은 아까 있었던 위협에 대해 얘기했어요. 안전한 상태였지만, 오랑우탄의 대화 속에는 위험을 알릴 때 내는 독특한 경고 소리가 섞여 있었어요.

요건 모를걸!

오랑우탄은 인간을 제외한 영장류 가운데 성장 속도가 가장 느려요. 거의 열 살 때까지 어미 오랑우탄과 함께 지내고, 10대가 된 암컷도 정기적으로 어미 오랑우탄을 찾아와요.

어둠의 생물

어둠이 내리면, 야행성 동물은 하루를 시작해요.

아이아이원숭이

마다가스카르에 사는 이 작은 원숭이는 손가락이 E.T.와 비슷하게 생겼어요. 「스타워즈」의 요다가 보면 질투할지도 모르는 귀도 가졌죠. 기다란 가운뎃손가락으로 나무를 두드려 울리는 소리를 듣고, 곤충이 숨어 있을 만한 빈 공간을 알아채요. 그러면 그 부분의 나무껍질을 물어뜯고는, 날카로운 발톱으로 애벌레나 곤충을 꺼내 먹어요.

코요테

'노래하는 개'라고도 불리는 코요테는 '깽깽, 으르릉, 컹컹, 아우우' 등 온갖 다양한 소리를 내요. 하지만 무엇보다도 한 무리가 길게 울부짖는 소리로 가장 잘 알려져 있죠. 코요테는 갯과에 속하고, 적응력이 뛰어나고 영리해요. 원래는 대초원과 사막 태생이지만, 지금은 도시는 물론이고 어디에서든 살아요.

미국너구리

복면을 쓴 듯한 귀여운 모습의 미국너구리는 손재주가 좋아요. 앞발에 있는 긴 발가락 다섯 개는 사람 손가락처럼 많은 역할을 해요. 물에서 가재를 낚아채거나, 숨어 있는 쥐를 잡을 만큼 재빠르죠. 미국너구리는 곳곳에서 살아가는데, 요즘은 시골보다 도시에 더 많이 살고 있을지도 몰라요.

늑대

울부짖는 소리가 쓸쓸하고 애절하게 들린다고요? 그렇다면 늑대가 지른 소리예요. 달을 보고 울부짖은 건 아니고, 늑대 무리의 주의를 끌고 있는 거예요. 여덟 마리쯤으로 이루어진 늑대 무리는 우두머리 수컷과 암컷 한 쌍이 이끌고, 끈끈한 관계로 맺어져 있어요. 사람의 목소리가 모두 다르듯, 늑대가 울부짖는 소리도 모두 달라요.

야행성 동물은 종종 비난을 받아요. 다음 장에서 억울한 친구를 만나 보세요.

진짜로?! 하이에나는 진짜로 징징거리는 못된 악당일까요?

이야기 속에 등장하는 하이에나는 바보 같고 웃기는 역할로도 많이 나오지만, 그보다는 비열하고, 탐욕스럽고, 비겁하고, 먹이를 위해서라면 무슨 짓이든 다 하는 성격으로 그려져요. 특히 점잖은 사자의 먹이를 훔치는 모습으로 등장하죠.

나쁜 녀석이라는 하이에나의 평판은 수천 년 전으로 거슬러 올라가요. 아프리카에서는 하이에나를 탐욕스럽고 굉장히 위험한 동물로 생각했지만, 동시에 멍청하고 우스꽝스러운 녀석으로 보기도 했어요. 유럽에서는 하이에나가 무덤 가까이에 살고, 먹기 위해 땅속에 묻힌 시체들을 파헤치고, 먹잇감을 꾀어 죽이려고 사람과 비슷한 소리를 낸다고 생각했어요. 어떤 사람은 하이에나가 마술을 걸거나, 심지어 죽은 사람의 영혼을 가진다고 생각했어요.

이 가운데 어느 하나라도 사실인 게 있을까요? 하이에나가 기이하긴 해요. 길게 내지르는 소리하며, 높은 소리로 낄낄거리는 듯한 소리 등, 울음소리가 괴상해서 소름 끼칠 수 있어요. 하지만 이 동물은 서로 의사소통을 하기 위해 다양한 소리를 내도록 진화했어요. 하이에나가 똑똑하고, 때로는 교활하다는 것도 사실이긴 해요. 먹이를 먹고 있는 무리에 끼지 못할 때, 하이에나는 가까이에 위험이 있다고 알리는 경고 울음소리를 내기도 해요. 사실은 위험이 없는데도요. 그러면 먹이를 먹던 하이에나들이 그 소리를 듣고, 먹던 것을 내팽개치고 도망가겠죠. 먹이는 어떻게 구할까요? 대부분 하이에나는 사자 같은 다른 동물이 남긴 먹이를 찾기보다는, 무리를 지어 자신들이 먹을 먹이를 직접 사냥해요. 그렇다고 하이에나가 바닥에 버려진 고기를 마다한다는 건 아니에요. 비록 고기가 썩고 있을지언정 간편하게 얻은 간식이 싫지는 않으니까요. 하이에나는 뼈든 무엇이든 다 먹어요. 마치 자연의 청소부와도 같아요.

이거 알면 천재

점박이하이에나는 무리를 이루어 생활하는데, 암컷이 우두머리인 모계 사회예요.

요건 모를걸!

대중문화에서는 흔히 점박이하이에나를 모델로 삼는데, 사실 세 가지 종이 더 있어요. 그중에 땅늑대라는 종은 줄무늬가 있고, 털이 텁수룩하고, 흰개미를 주로 잡아먹는 하이에나예요.

오카피

얼룩말 같은 줄무늬와 말 같은 몸 생김새는
잠시 덮어 두세요. 만약 오카피가 혀를 내민 모습을 본다면, 여러분은 "아~!" 하면서 또 다른 동물, 기린과 닮았다는 걸 알아챌 거예요. 얼굴 생김새 그리고 36~46센티미터에 이르는 긴 혀는 분명 기린과 비슷해요. 그런데 몸은 왜 달라 보일까요? 기린은 넓게 트인 사바나에 살지만, 오카피는 아프리카 열대 우림에 살아요. 나무가 많은 열대 우림에서 나뭇가지 아래로 숨으려면 목이 짧아야 해요. 줄무늬는 왜 있냐고요? 잎사귀 사이로 햇빛이 비쳐드는 열대 우림에서는 훌륭한 위장술 역할을 해 주거든요.

동물 천재 주목! 개성 있는 패션

오카피의 체구와 줄무늬는 열대 우림 서식지에 안성맞춤이에요. 눈길을 끄는 모습이지요.(사람한테 그렇다는 말이고, 포식자한테는 아니에요.) 심지어 새끼 오카피는 어두운 숲에서 줄무늬를 보고 어미를 찾을 수 있어요.

이거 알면 천재

오카피는 발에 냄새샘이 있어서, 자신의 영역을 다닐 때 끈적하고 냄새나는 흔적을 남겨요.

요건 모를걸!

오카피는 유일하게 살아 있는 기린의 친척으로, '숲기린'이라고도 알려져 있어요.

동물 천재에게 여행지를 추천합니다
청두 판다 기지

1 판다는 날이 시원해지는 9월부터 6월 사이에 바깥에 많이 나와 있다.

2 판다를 좋아하는 사람들이 곳곳에서 찾아오므로, 많은 사람을 피하려면 평일에 일찍 가는 게 좋다.

3 어미 판다는 보통 7월에서 9월 사이에 새끼를 낳는다. 따라서 새끼 판다를 보려면 이 시기가 가장 좋다.

판다를 사랑하는 사람들의 천국

대왕판다를 볼 수 있는 곳. 한두 마리도 아니고, 많이. 새끼 판다, 조금 더 큰 판다, 판다 가족까지. 더 말할 필요가 있을까요? 세계에서 가장 귀여운 동물이라고 할 수 있는 판다에게 가까이 가고 싶다면, 중국 쓰촨성에 있는 청두 판다 기지가 최고예요. 이 기지는 엄청나게 넓은 공원으로, 판다 약 175마리가 살고 있어요. 사랑스럽고 희귀한 판다에 관한 보존, 연구, 교육에 전념하는 곳이지요. 이 공원에서는 판다를 직접 만질 수는 없지만, 대나무를 우적우적 씹는 소리가 들릴 만큼 가까이에서 만날 수 있어요. 새끼를 돌보는 어미 판다와 서로 뒹굴며 노는 어린 판다를 볼 수 있지요. 청두 판다 기지가 있는 쓰촨성은 야생 판다의 주요 서식지로, 판다 기지에서는 대나무 숲, 개울, 호수, 바위, 동굴 등 판다가 살아가는 환경을 갖추기 위해 애써요. 판다가 신나게 놀 수 있는 최고의 환경이지요. 판다의 매력에 푹 빠질 준비 하세요!

여행객을 위한 꿀팁 다섯!

4 판다 기지는 중국 쓰촨성의 청두시에서 10킬로미터밖에 안 되는 가까운 곳으로, 숙소는 청두시에 잡으면 편하다.

5 공원에는 레서판다, 나비, 백조, 공작 및 여러 가지 새 종류가 산다.

눈물 마시는 나방

맞아요. 분명 예의 없는 행동이에요. 이 나방은 새와 풀 뜯는 소, 사슴, 심지어 악어의 눈물까지 빨아 먹어요. 이런 동물들은 손을 뻗어서 나방을 쫓아 버리지 못해요. 나방의 주둥이는 기다란 관처럼 생겨서 속이 빨대처럼 비어 있어요. 나방은 이 주둥이를 동물의 눈 속에 찔러 넣고는 눈물을 빨아들여요. 나방 중에 어떤 종은 주둥이에 작은 고리까지 달려 있어서, 한곳에 고정시킬 수도 있죠. 으윽, 아플 것 같아요. 눈물을 흘리는 동물들이 나방의 이런 행동을 성가시게 여기는지 어떤지는 아무도 몰라요. 아직은요. 과학자들은 나방이 왜 이런 행동을 하는지 완전히 파악하지는 못했지만, 못되게 굴고 싶어서라기보다는 영양 섭취 문제와 더 관련 있을 거라고 생각해요. 나방은 어디에서든 소금기가 있는 액체를 찾아내어 마셔요.

검은턱개미잡이의 눈물을 빨아 먹을 준비를 하는 나방

동물 천재 주목! 놀라운 미식가

흉보려는 건 아니지만, 뭘 마시려고 눈에 빨대를 꽂다니, 진짜 이상하죠. 하지만 사실, 영양을 빨아들이기에는 기가 막힌 방법이에요. 눈물에는 소금기가 많고, 균형 잡힌 식단에 꼭 필요한 영양소인 단백질이 놀랄 만큼 많이 들어 있거든요.

이거 알면 천재

나방만 다른 동물의 눈물을 마시는 건 아니에요. 나비와 벌, 파리도 그렇게 해요.

눈물 마시는 나방은 다음 장에 나오는 울보를 엄청 좋아할 거예요.

진짜로?! 악어의 눈물은 진심이 아닌가요?

누군가가 '악어의 눈물을 흘린다'고 비난하는 소리를 들은 적 있나요? 이 표현은 슬퍼하는 듯이 굴지만 사실은 그런 척하는 가짜라는 뜻이에요. 이 말이 무시무시한 악어와 무슨 상관이 있을까요?

오래전 누군가는 악어가 먹이를 먹어 치우는 동안 눈물을 흘린다는 사실을 알아챘어요. 14세기의 『존 맨더빌 경의 여행기』라는 책에(당시에는 유명한 책이었어요) 이렇게 적혀 있었어요. '악어들이 아주 많이 있다. 이 악마 같은 녀석은 사람을 죽이고, 눈물을 흘리며 잡아먹는다.' 뭐라고요? 울면서 먹는다고요! 사실은 악어가 먹이를 먹는 동안 어떤 감정을 느끼는지 아무도 몰라요. 하지만 악어가 희생된 먹이를 위해서 우는 게 아니라는 건 확실해요. 그럼, 눈물은 어떻게 된 거냐고요? 옆에서 본 사람들은 악어가 가책을 느끼는 척한다고 생각했을지도 몰라요.

하지만 재미있는 건 악어가 먹이를 먹을 때 진짜로 눈물을 흘린다는 사실이에요. 하지만 어떤 감정을 눈물로 쏟아 내는 게 아니라, 아마 악어가 먹이를 먹는 방식 때문에 부작용처럼 나타난 현상일 거예요. 악어는 종종 식식거리는데, 이때 공기가 콧구멍을 지나, 머리뼈 속 비어 있는 공간인 부비강을 거쳐 눈물길로 밀려 올라가면서 눈물을 흘리게 해요.

이거 알면 천재

다른 동물도 눈물을 흘리지만, 거의 눈을 보호하기 위해서예요. 슬프거나 기뻐서 눈물을 흘리는 것으로 알려진 동물은 인간밖에 없어요.

오리너구리

오리한테서 특징 두 가지, 해달한테서 특징 한 가지, 비버의 특징도 약간 가져온 다음, 상상력을 발휘해 보세요. 오리너구리가 떠올랐나요? 아닐 수도 있겠죠. 오스트레일리아의 포유류인 오리너구리는 진짜 독특해요. 앞발에 달린 물갈퀴로 나아가고, 부분적으로 물갈퀴가 있는 뒷발과 비버와 비슷하게 생긴 꼬리로 방향을 조종하면서 개울을 미끄러지듯 지나가요. 몸은 유선형이고, 해달처럼 털이 물에 잘 젖지 않아요. 하지만 먹이 찾는 방식은 아주 달라요. 오리너구리의 주둥이에는 전기를 감지하는 세포인 전기 수용기가 있어서 곤충이나 조개류 같은 먹이의 위치를 찾아내요. 이렇게 찾은 먹이를 강바닥에서 퍼 올려 볼주머니에 보관해요. 육지로 올라오면 물갈퀴를 접고 발톱을 드러내요. 발톱이 있어서 흙에서 미끄러지지 않고, 굴을 파기에 아주 좋아요.

가재를 잡아먹는 오리너구리

이거 알면 천재

오리너구리는 귀엽게 보이겠지만, 수컷은 위험한 무기로 무장했어요. 뒤쪽 발목에 뾰족한 돌기가 나와 있는데, 끔찍한 독을 내뿜을 수 있어요.

요건 모를걸!

알을 낳는 포유류는 두 종뿐인데, 그중 하나가 오리너구리예요.(다른 하나는 바늘두더지예요.) 갓 태어난 새끼 오리너구리는 엄지손가락만 해요. 어미 피부에서 젖이 스며 나오는 특별한 부분을 핥아 먹어요.

동물 천재 주목! 개성 있는 패션

오리너구리는 너무 특이해서 과학자들이 대체 어떤 동물인지 알아내는 데 80년쯤 걸렸어요. 털로 덮인 오리인가? 그건 아니고. 알을 낳는 포유류라고? 그건 사실이죠. 사실, 1700년대 후반에서 1800년대 초반에는 오리너구리를 처음 본 유럽인들은 가짜일 거라고 생각했어요! 이제 우리는 오리너구리가 고유하게 독특한 스타일을 지녔다는 걸 알고 있죠.

유니콘

유니콘이 꼭 전설에만 나오는 건 아니에요!
뿔이 하나 달린 경이로운 동물들이 진짜 있거든요.

표문쥐치(유니콘피시)

어린 표문쥐치한테서는 뿔을 볼 수 없지만, 점점 자라면서 뿔도 자라나요. 하지만 뿔의 용도는 아직 정확히 밝혀지지 않았어요.

인도코뿔소

어떤 코뿔소는 뿔이 두 개예요. 하지만 코뿔소 가운데 가장 큰 인도코뿔소는 하나 있는 뿔의 길이가 20~61센티미터에 달해요.

북방관머리보관조(투구보관조)

북방관머리보관조는 남아메리카에 사는 닭 크기만 한 새예요. '투구'처럼 생긴 건 사실 뼈예요. 피부로 덮여 있어요.

일각돌고래

북극에 사는 일각돌고래는 나선형으로 신기하게 생긴 뿔이 있어요. 이 뿔은 사실 이빨이고, 2.4미터까지도 자라요. 이 신비한 모습 덕분에, 바닷속 환상 동물에 대한 여러 가지 이야기가 전해져 오는지도 몰라요.

레서판다

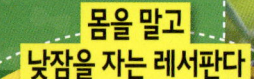
몸을 말고 낮잠을 자는 레서판다

말썽꾸러기 같은 붉은색 레서판다는 몸집이 고양이만 해요. 그리고 온몸에 털이 이중으로 북슬북슬 나 있어요. 피부 가까이 난 안쪽 털은 양모 같고, 바깥쪽에 더 길고 거친 털이 나 있어요. 심지어 발에도 털이 나 있어요. 게다가 레서판다처럼 굉장한 꼬리는 찾기 힘들죠! 베이지색과 붉은색 줄무늬가 멋져 보일 뿐만 아니라, 여러 면에서 편리하게 쓰여요. 레서판다가 나뭇가지 사이를 날쌔게 건너갈 땐 꼬리가 균형을 잡아 줘요. 또 추운 날이면, 레서판다는 털이 북슬북슬한 꼬리로 몸을 감싸서 포근하고 따뜻하게 지낼 수 있어요.

동물 천재 주목! 개성 있는 패션

숲에 사는 동물에게 불타는 듯한 붉은 털은 위장술에 도움이 안 될 것 같지만, 레서판다에게는 안성맞춤이에요. 레서판다가 사는 곳에는 흰색 지의류와 적갈색 이끼 덩이가 전나무 가지를 뒤덮곤 하거든요.

이거 알면 천재

레서판다는 대왕판다와 먼 친척이에요. 레서판다도 대왕판다처럼 대나무를 먹어요.

요건 모를걸!

레서판다는 나무에서 내려올 때 머리부터 내려와요. 발목과 무릎 아래쪽 다리가 뒤쪽으로 돌아갈 만큼 유연한 덕분이에요.

비버

진흙을 섞어 댐을 세우는 비버

비버는 공학과 건축의 대가로, 서식지를 자신에게 맞게 바꿔요. 동물한테는 흔치 않은 일이에요. 비버는 송곳니가 없고 앞니와 앞어금니 사이에 넓은 틈이 있는 설치류예요. 그런 설치류 중에서도 비버의 앞니는 특히 튼튼하고 날카로워서, 어른 손가락 굵기만 한 나뭇가지나 작은 나무도 한입에 자를 정도예요. 그리고 좀 더 큰 나무는 나무가 쓰러질 때까지 이빨로 밑동을 갉아요. 비버는 나뭇가지, 어린나무, 나무토막을 갈대와 진흙과 함께 엮어서 방수 담을 세우고 돔 모양을 띤 집을 지어요. 물속에 집 입구와 비버 가족이 살아갈 아늑한 실내 공간이 있지요. 비버는 물속에서 일하고 헤엄치는 동안, 물이 들어가지 않도록 귓구멍과 콧구멍을 닫아요. 그리고 투명한 눈꺼풀이 눈을 덮어요. 꼭 물안경 같죠!

동물 천재 주목! 멋진 보금자리

비버의 집은 작은 섬처럼 보여요. 수면보다 살짝 위로 올라온 듯이 보이지만, 너비는 1.2미터에 집 내부 높이는 0.6미터에 달해요. 비버는 집을 지을 때 모든 점을 고려해요. 통풍을 위해 지붕에 굴뚝 같은 공기 구멍을 남겨 놓고, 바닥은 보송하고 포근하도록 잔가지를 깔아요.

이거 알면 천재
비버의 몸길이는 60~70센티미터예요. 남아메리카에 사는 카피바라 다음으로 큰 설치류지요.

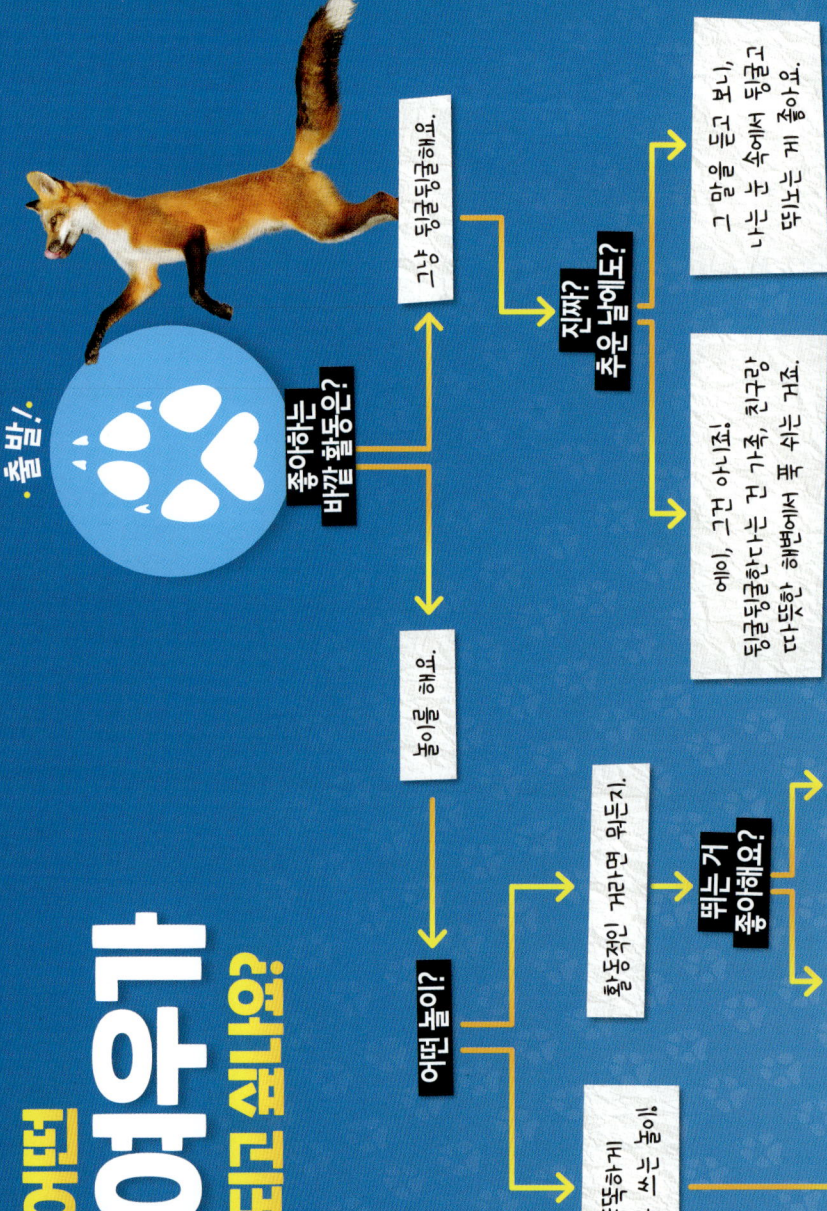

바다거북

동물이 놀라운 방식으로 환경에 적응하는 증거가 필요하다면, 바다거북을 보면 돼요. 바다거북의 다리는 수백만 년에 걸쳐 지느러미로 진화했어요. 시속 24킬로미터의 속도로 헤엄치기 위해서 앞다리를 노처럼 사용하고 뒷다리를 방향타처럼 조종해요. 애니메이션 「니모를 찾아서」에 나왔듯이, 이 바다 파충류는 실제로 해류를 타고 수백 또는 수천 킬로미터를 이동해요. 암컷 바다거북은 지구 자기장의 안내를 받으며 자신이 태어났던 바닷가로 알을 낳으러 돌아가요. 이때 한 번에 80개에서 120개의 알을 낳아요.

동물 천재 주목! 유별난 습성

파충류 약 1만 2,000종 가운데 약 100종만이 바다에서 살아요. 하지만 이 이유 하나 때문에 바다거북이 특별한 건 아니에요. 놀라운 적응력이야말로 바다거북을 돋보이게 만들죠. 한 예로, 바다거북은 눈 가까이 특별한 분비샘이 있어서 몸에 잔뜩 쌓인 소금기를 내보내요. 그래서 꼭 우는 듯이 보여요!

이거 알면 천재
바다거북은 다른 거북과는 달리 머리와 다리를 등딱지 속으로 넣을 수 없어요.

요건 모를걸!
바다거북에는 7종이 있는데, 종마다 독특한 특징이 있어요. 장수거북은 가장 크고, 푸른바다거북은 유일한 채식주의자예요. 매부리바다거북은 매와 비슷한 부리가 있어요. 붉은바다거북은 머리가 유난히 커요.

해양 동물의 멋진 모습을 포착하기는 참 어려워요.
다음 장에서 해양 동물에게 진짜 가까이 다가가는 동물 천재를 만나 보세요.

**동물 천재를 소개합니다:
마이클 오우**

마이클 오우는 사람들이 지구와 지구에 사는 모든 동물을 사랑하기를 바랍니다. 그런 바람을 이루고 싶은 사명감으로, 동물에 관한 이야기를 하죠. 카메라로요. 마이클 오우는 야생 동물 사진작가예요. 물속에서 해양 동물의 사진을 찍는 것으로 유명하죠. 수중 사진을 찍기 위해 외딴곳에 가고, 차가운 물에 뛰어들고, 상어와 마주하죠. 그리고 기다리기도 해요. 많이요. 도대체 어떤 동물인지 모습을 드러내는 완벽한 순간을 잡는 데 수년이 걸릴 수도 있고, 수도 없이 잠수를 해야 할 수도 있어요. 마이클은 카메라를 다루는 기술만 대단한 게 아니에요. 동물이 어떻게 행동하는지, 어디에서 어떻게 사는지 등, 동물에 관한 모든 것을 배워요. 그리고 동물을 깊이 존경하죠.

마이클은 동물을 찍으면서 놀라운 순간을 많이 접했어요. 악어를 만져 봤고, 상어가 너무 가까이 다가와서 카메라로 밀어내야 했고, 고래가 마이클을 들어 올리기도 했어요. 하지만 조수와 함께 여러 마리 상어를 찍을 때 가장 잊을 수 없는 경험을 했어요. 상어 한 마리가 마이클을 맛난 먹이로 삼을 것만 같았죠. 마이클과 조수는 물속에 있었고, 상어가 머리 위를 빙빙 도는 동안 산소통의 산소는 줄어만 갔어요. 그런데 갑자기, 돌고래 여섯 마리가 와서는 상어들을 밀어내고, 이들을 안전한 곳으로 안내해 주었어요. 마이클은 이 일이 사람과 동물이 특별한 교감을 나누는 완벽한 예라고 말해요.

바다거북

"사진은 이야기를 들려줘야 해요. 그리고 사람들을 놀라게 하고 감탄하게 하는 요소를 지녀야 해요. 그래서 우리는 그런 순간과 이야기를 찾아다녀야 하지요."

마이클 오우 야생 동물 사진작가

북극곰

북극곰은 뼛속까지 얼어붙을 듯이 추운 북극 기온에도 당황하지 않아요. 물론 가끔은 눈보라를 피하거나 잠을 자려고 눈 속에 구덩이를 파요. 하지만 새끼를 막 낳으려는 때만 아니면, 대부분 밖을 돌아다녀요. 두툼한 털과 지방이 몸을 보호해 주거든요. 어미 북극곰은 눈더미에 아늑한 굴을 파고, 막 태어난 새끼 곰과 함께 매섭게 추운 겨울을 굴속에서 보내요. 두껍게 쌓인 눈이 단열재 역할을 해서, 곰의 체온을 안에 가둬 놔요. 바깥 기온은 영하로 떨어져도 굴속은 영상 4.4도 정도로 따뜻해져서 북극곰이 지내기에 훈훈하고 좋아요.

 **동물 천재 주목!** 멋진 보금자리

멋지게 파낸 보금자리 얘기를 해 볼까요? 이 보금자리는 눈으로 만들었어요! 어미 북극곰은 자신이 돌아다니기에 충분히 넓게, 타원형으로 통로를 길게 파내요. 새끼 곰들이 태어나면 굴속 보금자리는 구조가 살짝 바뀌어요. 통로와 연결된 작은 방을 몇 개 더 파내어 만들 테니까요.

이거 알면 천재

북극곰의 털은 흰색으로 보이지만 사실 투명해요. 털 밑의 피부는 검은색이고요. 그러면 햇빛에서 열을 흡수해서 따뜻함을 유지할 수 있어요.

요건 모를걸!

어떤 북극곰은 여름 동안 굴을 깊이 파서, 굴속에서 더위를 식혀요.

독특한 녀석들

괴짜 양서류들을 만나 보실래요? 보통 양서류의 틀을 깨는 녀석들이에요.

조약돌두꺼비

작고 울퉁불퉁한 이 두꺼비는 돌멩이처럼 데구루루 잘도 굴러요. 조약돌두꺼비는 포식자가 다가오면 도망치거나 숨지 않아요. 몸을 작은 공처럼 말아서 산 아래로 뛰어내려요. 하지만 걱정하지 마세요. 몸이 정말 가벼워서 상처 하나 나지 않고 잘 살아남으니까요.

피파개구리

여기 새로운 육아방이 있어요. 피파개구리 암컷이 알을 낳으면, 수컷이 알을 암컷의 등으로 굴려요. 그러면 암컷 등에서 피부가 자라나 알을 덮어요. 알이 부화할 때가 되면, 새끼들이 어미 등에 난 구멍으로 뽕뽕 튀어나와요.

멕시코맹꽁이

등에 빨간 줄이 있지만 스포츠카는 아니랍니다. 멕시코맹꽁이의 뭉툭한 다리는 오직 굴을 파기 위해서 그렇게 생겼어요. 그런데 우는 소리를 들으면 살짝 엔진 돌아가는 소리처럼 들리기도 해요. 이때 몸이 풍선처럼 부풀죠.

천산갑

천산갑은 커다란 도마뱀처럼 보이지만, 사실은 포유동물이에요. 그것도 비늘 있는 포유동물! 털이 북슬북슬하거나 귀여운 동물은 못 되어도, 천산갑은 수줍음이 많고, 몸매는 나름대로 유선형이랍니다. 천산갑의 몸에는 딱딱한 비늘이 서로 겹친 형태로 뒤덮여 있어요. 우리 손톱 성분과 같은 케라틴이어서, 천산갑의 비늘도 계속 자라요. 천산갑이 흰개미와 개미를 찾아 흙을 팔 때 자연스럽게 비늘이 다듬어져요. 가장 좋아하는 먹이가 나오면, 놀랍도록 강하고 끈적한 혀로 쭉 핥아 먹어요. 혀는 천산갑의 머리와 몸통을 합친 것만큼 길어요. 사실 혀가 어찌나 긴지, 입 속에 다 안 들어가서 가슴 깊숙이까지 쑥 들어갈 정도예요!

천산갑은 때때로 두 발로 서서 걸어요.

동물 천재 주목! 개성 있는 패션

천산갑은 생김새만 멋진 게 아니라, 움직임 또한 굉장히 근사해요. 위협을 받으면 몸을 돌돌 말아서, 포식자들 눈에는 딱딱하고 철갑을 두른 공처럼 보이지요. 어미 천산갑은 심지어 새끼를 감싼 채로 몸을 말아요! 말레이어로 '롤러'를 뜻하는 '펑골링'이라는 말에서 '팽골린(Pangolin)'이라는 영어 이름이 생겼어요. 한자어로 '천산갑(穿山甲)'은 '산을 뚫는 비늘'이라는 뜻을 지녔어요.

요건 모를걸!

천산갑은 개미핥기와 생김새와 먹이가 비슷해서 '비늘 덮인 개미핥기(Scaly anteater)'라고도 불려요. 하지만 사실은 개미핥기나 아르마딜로보다는 개나 고양이 쪽에 더 가까워요.

베스트 동물 시상식
1위는 누구?

 **가장 지각 대장일 것 같은 동물 1위**

누가 가장 느림보인지를 따질 때는, 세발가락나무늘보를 따라올 동물이 없어요. 이 느려 터진 잠꾸러기는 하루에 무려 15시간에서 20시간을 자요. 잠에서 깨어 있을 때는 나뭇가지에 매달린 채 움직이지 않고 대부분의 시간을 보내요. 세발가락나무늘보가 지각하지 않으려면 학교가 물속에 있어야만 하겠어요.(나무늘보는 헤엄을 꽤 잘 치거든요.)

내년에는 꼭 수영 팀에 들어와야 해.

― 아홀로틀

올여름에는 평소보다 더 많이
쉬길 바랄게, 느긋하게!

― 유리날개나비 ♥

하마, 48-49쪽

유리날개나비, 86-87쪽

회색앵무, 158-159쪽

아홀로틀, 204-205쪽

문닫이거미

문닫이거미는 다른 거미와는 달리 거미줄로 집을 짓고 매달려 있지 않아요. 삶 대부분을 땅굴에서 보내지요. 하지만 땅굴은 평범한 구멍이 아니에요. 깊이가 30센티미터에 폭은 5센티미터로, 아늑한 보금자리예요. 문닫이거미는 거미줄로 굴 안쪽 벽을 만들고 입구에 진짜로 여닫을 수 있는 출입문을 만들어요. 문짝은 나뭇잎이나 이끼, 그 밖에 무엇이든 바깥에 떨어져 있는 것으로 만들어요. 위장하기에 훌륭한 재료죠. 문짝에는 쭉쭉 늘어나는 거미줄을 연결해서 문을 여닫는 경첩처럼 사용해요. 그러고는 먹이가 지나가기를 기다리며 문 아래에서 밖을 엿봐요.

왠지 끌리는 이 입구로 들어가면 거미 굴이 나와요.

동물 천재 주목! 멋진 보금자리

많은 동물이 굴을 파요. 게다가 동굴 입구를 숨기려고 애쓰기도 해요. 그런데 경첩을 단 문을 만들었다? 이건 특이한 경우예요. 문 밑면에는 특별한 구멍도 있어서, 문닫이거미는 다리나 송곳니로 이 구멍을 잡고 문을 활짝 열거나, 반갑지 않은 손님이 오면 문을 꽉 잡고 열리지 않게 하기도 해요.

이거 알면 천재

문닫이거미는 굴 입구 가까이에 거미줄로 '덫'을 쳐 두어요. 먹이가 아무 의심 없이 이 줄을 건드리면, 문닫이거미가 줄의 진동을 느끼고 굴에서 잽싸게 튀어나와 먹이를 잡아요.

요건 모를걸!

문닫이거미는 100원짜리 동전 크기만 하거나 조금 더 커요. 짙은 갈색이나 검은색을 띤 경우가 많고, 번쩍이는 광택을 자랑해요.

동물 연예 뉴스
스타워즈 닮은꼴 오디션

동물들이 모여서 영화 「스타워즈」 분장을 하면 어떨까요? 음악이 시작되면, '오래전 멀고 먼 은하계…'까지 가지 말고, 바로 여기, 지구에서 펼쳐지는 스타워즈를 상상해 봐요.

곰치
- **이름:** '그린라이트'
- **특징:** 빛나는 초록색
- **역할:** 레아 공주 역을 꿈꾸지만, 어쩐지 매번 주어지는 역할은 광선검!

포스가 함께하기를!

아펜핀셔
이름: '복슬이'
특징: 화려하게 긴 털
역할: 종종 이워크족으로 등장한다. 하지만 우키족까지 연기 폭을 넓혀 츄바카 역할도 노리고 있다.

바티코루스해파리
이름: '다크'
특징: 투구 모양의 갓
역할: 다스 베이더 역할을 맡기 위해 태어났다. 누구도 감히 길을 막지 못한다.

빈투롱(곰고양이)
이름: '뭉치'
특징: 귀에 난 털 뭉치, 지혜로운 얼굴
역할: 제다이의 스승인 요다. 요다 연기를 할 때 킥킥 웃기도 하고 끙끙거리기도 한다.

바실리스크 이구아나

이구아나가 포식자로부터 재빨리 도망치는 모습을 보고 싶나요? 그것도 물 위를 막 뛰어가는 모습을? 불가능하죠. 바실리스크이구아나만 빼고요. 바실리스크이구아나는 중앙아메리카 열대 우림의 나무에서 대부분의 시간을 보내요. 위험한 조짐이 딱 보이면, 물로 뛰어내려서는 뒷다리로 서서 포식자가 쫓아오지 못할 곳으로 냅다 달려요. 뒷발에 우스꽝스러울 정도로 긴 발가락이 있는데, 이 발가락에 비늘 같은 피부가 붙어 있어서 물에서 쫙 펼쳐져요. 게다가 발을 굉장히 빠르게 물에 내리치면, 발밑에 작은 공기 방울이 만들어져서 발이 가라앉지 않게 도와요. 그렇게 물 위를 4.5미터까지 달릴 수 있어요. 그다음에는 물에 뛰어드는데, 헤엄도 잘 친답니다!

동물 천재 주목! 유별난 습성

몇몇 작은 곤충은 물의 표면에 가만히 뜬 채로 몸무게를 지탱할 수 있지만, 바실리스크이구아나는 가라앉지 않기 위해서 미친 듯이 달려야 해요. 다리를 힘차게 물에서 차올리면서, 1초에 1.5미터까지 속력을 낼 수 있어요.

이거 알면 천재

서양 신화에서 바실리스크라는 괴물이 전해져 내려오는데, 이 괴물에서 영감을 받은 무시무시한 괴물 뱀이 「해리 포터」에도 나와요. 송곳니에 독이 있고, 눈만 마주쳐도 상대를 죽일 수 있는 괴물이죠. 이 이름을 귀여운 이구아나한테도 물려주었네요.

요건 모를걸!

평범한 어른이 바실리스크이구아나와 같은 솜씨를 발휘하려면, 시속 105킬로미터로 계속 달려야 할 거예요. 오리발도 신어야겠죠?

돌고래

장난기 많고, 똑똑하고, 웃는 얼굴. 돌고래는 사랑받을 이유가 많아요. 그러나 돌고래가 지닌 최고의 자질은 친척 관계인 암컷들이 다섯 마리에서 스무 마리까지 무리 짓는다는 데 있어요. 돌고래들은 함께 사냥하고, 수십 년 동안 우정을 지속해요. 그리고 새로운 방법을 서로 가르쳐 줘요. 한번은 큰돌고래가 오스트레일리아 해안 밑바닥에서 폭신폭신한 해면을 잡아 주둥이 앞에 끼웠어요. 그러고는 해면을 이용해 바닥을 파서 먹이를 찾았지요. 덕분에 주둥이는 전혀 긁히지 않았고요. 정말 똑똑하지요? 그 방법이 잘 먹히자, 돌고래는 다른 돌고래한테도 그 방법을 가르쳐 주었어요. 이제 해면을 쓰는 돌고래들은 해면 동아리라도 만든 듯이 함께 어울려요!

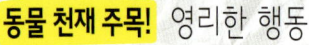 영리한 행동

돌고래는 얼마나 똑똑할까요? 돌고래의 뇌는 크고 복잡한데, 사람의 뇌와는 아주 달라서 과학자들도 확실히 알기 힘들어요. 하지만 돌고래가 복잡한 사회관계, 의사소통 능력, 문제 해결력을 갖춘 것은 분명하고, 상징적인 언어까지 이해해요. 정말 머리 좋은 녀석들이죠.

요건 모를걸!

돌고래는 저마다 자신을 나타내는 휘파람 소리가 있어요. 이름과도 같지요. 돌고래들은 서로의 휘파람 이름을 기억해 뒀다가 특정 돌고래를 부르고, 대화도 나누어요!

이거 알면 천재

돌고래는 반향 정위를 이용해요. '딸깍, 딸깍' 하는 소리를 내고, 이 소리가 물체에 반사되어 오는 것을 듣고 물체의 모양과 크기를 파악하는 방식이에요.

어부바가 좋아!

엄마 아빠 등에 업히면 되는데, 굳이 걸을 필요 있나요?
여기 나오는 귀여운 아가들은 어부바를 좋아해요.

가스트로테카 뿔개구리
(주머니뿔개구리)

주머니뿔개구리의 어미는 등에 있는 주머니에 알을 넣고 다녀요. 알은 그 속에서 올챙이 단계를 건너뛰고, 작은 개구리로 자라나요.

백조

새털 이불에 파고드는 것보다 더 좋은 게 있을까요? 새끼 백조들이 차가운 물속에서 헤엄친 뒤에 몸을 따뜻하게 하는 최고의 방법은 부모 등에 포근히 업히는 거예요.

침팬지

어미 침팬지는 갓 태어난 새끼를 팔로 안고 다녀요. 어린 침팬지가 손아귀 힘이 세지면 어미 등에 올라가 가능한 한 오래도록 업혀 다녀요. 심지어 몇 년 동안요!

전갈

어미 전갈은 갓 태어난 새끼들을 10일에서 20일 동안 등에 업고 다녀요. 한두 마리가 아니라 100마리나요!

캐리어 크랩

이거 알면 천재

캐리어크랩은 성게를 너무 자주 짊어지고 다녀서 어떤 사람들은 '성게게'라고 불러요.

이 녀석들은 가냘파 보이고, 앞발은 신통찮게 생겼어요. 자신을 보호하는 데에는 별로 타고난 소질이 없지만, 상관없어요. 자신을 성게로 무장하거든요! 성게는 길고, 뾰족한 가시가 있는 바다 생물이죠. 가시에 독이 있는 경우도 있고요. 캐리어크랩은 성게를 방패 삼아 짊어지고 다니면서('캐리어 Carrier'는 영어로 '나르는 것', '크랩Crab'은 '게'라는 뜻이에요.) 포식자로부터 자신을 보호해요. 앞쪽 집게발을 포함한 다섯 쌍의 다리 중 맨 뒤쪽 다리 한 쌍은 뭔가를 등에 올려놓고 고정하기 좋게 되어 있어요. 캐리어크랩은 산호나 해면 같은 다른 동물도 싣고 다니지만, 성게를 가장 좋아해요.

보란 듯이 산호로 위장한 캐리어크랩

동물 천재 주목!
유별난 습성

똑똑한 걸까요, 별난 걸까요? 여러분이 판단해 보세요. 캐리어크랩은 자신을 보호하기 위해 다른 바다 생물을 잡아서 짊어지고 다녀요. 이는 서로한테 좋은 공생 관계예요. 성게가 얻는 이익은 뭘까요? 먹이가 있는 곳까지 편안히 앉아서 가는 무료 탑승이죠.

무시무시한 집게발을 뽐내는 동물들은 성질도 무시무시할까요? 다음 장에서 확인해 보세요.

진짜로?! 게는 성질이 더러울까요?

무시무시한 집게발을 뽐내는 게, 집게(소라게), 가재 등은 왜 다른 생물들을 아프게 꼬집는 걸까요? 게 입장에서는 이 세상에서 안전하게 살아가기 위해 최선을 다하고 있을 뿐인데, 성질이 더럽다고 하면 억울해할지도 몰라요.

이렇게 집게발을 가진 동물의 진짜 성격은 어떤지 아직 제대로 밝혀지진 않았어요. 이런 실험이 이루어진 적이 있어요. 고둥의 껍데기를 집처럼 짊어지고 다니는 집게들을 뒤집어서 새로운 환경에 놓고, 포식자가 등장하는 영상을 보여 줬죠. 집게들이 얼마 만에 껍데기 밖으로 뛰쳐나오는지 보려고요. 결과는 제각각이긴 했지만, 상황에 따라 대담하게 행동하는 집게들도 있었고, 진짜 용감한 집게들도 있었어요. 결국, 집게발을 가진 동물들이 어느 정도로 심술궂은 자를 알아낸 실험은 아직 없어요. 하지만 영어로는 성질 나쁜 사람들을 게에 빗대어 'Crabby(게 같다)'라고 한답니다.

이거 알면 천재

농게 수컷은 커다란 집게발 하나를 가지고 있어요. 이 집게발은 싸움에만 사용하는 게 아니에요. 암컷의 관심을 끌려고, 집게발을 흔들고 뭔가를 쾅쾅 두드리거든요.

요건 모를걸!

성격이 심술궂든 아니든, 게의 집게발은 장난이 아니에요. 야자집게는 가장 힘센 게예요. 집게로 꼬집는 힘이 사자가 물어뜯는 것만큼이나 세요.

뱀상어

뱀상어는 상어 가운데 네 번째로 크고, 백상아리에 이어 두 번째로 위험한 상어예요. 하지만 먹이에 관해서는 뱀상어가 1위예요. 뱀상어는 공격적인 포식자라, 온갖 종류의 물고기, 조개류, 바다표범, 바다뱀, 다른 상어, 물에 떠다니는 죽은 동물 등 닥치는 대로 다 먹거든요. 아무 동물 이름이나 말해도, 다 뱀상어의 먹이가 돼요. 턱은 강하고, 이빨은 톱니 같아서, 단단한 먹이도 꿰뚫을 수 있어요. 바다거북의 등딱지까지도요. 뱀상어는 딱 한 가지 목표, 바로 먹이를 찾아서 수면부터 바닷속 밑바닥까지 꼼꼼히 훑으며 바다를 돌아다녀요. 무시무시하게 들리겠지만, 이런 엄청난 식욕 덕분에 좋은 점도 있어요. 바다의 먹이 사슬이 균형을 이루는 데 도움이 되거든요.

동물 천재 주목! 놀라운 미식가

뱀상어는 먹는 것을 좋아하고, 무엇이든 먹어요. 먹성이 전혀 까다롭지 않아서 '바다의 쓰레기통'이라는 별명까지 얻었어요. 안타깝게도, 뱀상어는 진짜 먹이 말고도 번호판, 신발, 타이어를 비롯하여 사람들이 버린 별별 쓰레기까지 먹어 치워요. 어떤 뱀상어는 갑옷도 한 벌 먹었어요.

요건 모를걸!

뱀상어 몸에는 독특한 줄무늬가 있는데, 그래서 '호랑이상어(Tiger shark)'라고도 해요. 줄무늬가 잘 보이지 않는다면 아마 늙은 뱀상어일 거예요. 나이를 먹을수록 줄무늬는 희미해지거든요.

이거 알면 천재

뱀상어 암컷은 새끼를 한 번에 평균 30마리를 낳아요. 80마리까지 낳은 암컷도 있어요! 하지만 어미는 곁에 남아서 새끼를 돌보지는 않아요.

까마귀

까마귀는 가장 똑똑한 새에 속해요. 문제를 해결하고, 안전 정보를 공유하고, 맛있는 먹이가 있는 장소를 기억할 수 있어요. 어떤 면에서는 까마귀가 다섯 살짜리 어린이만큼 똑똑하다는 사실이 연구를 통해 밝혀지기도 했어요. 까마귀는 구멍에서 먹이를 꺼낼 때처럼 어떤 일을 할 때 막대기나 잔가지 같은 것을 도구로 쓸 수 있어요. 또 까마귀는 사람 얼굴도 기억하고, 심지어 다른 까마귀가 피할 수 있게 나쁜 사람이 어떻게 생겼는지 묘사까지 해요. 그러니 다음번에 깍깍 우는 소리가 들리면 무슨 뜻인지 알 수 있겠지요? 까마귀가 우리 얘기를 하는 거라고요!

도구를 이용하여 먹이를 찾는 까마귀

 **동물 천재 주목!** 영리한 행동

까마귀의 뇌는 사람의 엄지손가락만 한 크기지만, 새의 세계에서는 엄청나게 큰 거예요. 까마귀는 이렇게 영리한 덕에 어떤 환경에서도 적응해요. 심지어 사람 주변에서도 살아가고요. 쓰레기통에 달려드는 까마귀를 본 사람은 잘 알 거예요.

이거 알면 천재
까마귀 한 마리가 죽으면, 다른 까마귀들이 현장에 와서 무슨 일 때문인지 조사하여 비슷한 일을 당하지 않도록 피해요.

요건 모를걸!
겨울에는 까마귀 수백 마리가 (때로는 약 200만 마리까지도) 한데 모여서 잠을 자요. 어떤 곳에서는, 100년 넘게 같은 지역을 잠자리로 사용하는 까마귀들도 있었고요.

쇠똥구리

벌써부터 이름에서 구린내가 펄펄 날지는 몰라도, 똥 주변에서 평생을 보내는 곤충에게는 딱 어울리는 이름이에요. 쇠똥구리는 똥을 커다란 공처럼 굴려서 땅에 묻고는 똥 속에 알을 낳아요. 심지어 똥을 먹기도 해요. 쇠똥구리 대부분은 초식 동물의 똥을 먹고 살아요. 초식 동물은 먹이를 완전히 소화하지 못해서, 똥 속에 영양가 있고 묽은 부분이 남아 있거든요. 많은 쇠똥구리가 튼튼한 비행기 같아서, 훌륭한 똥 무더기를 찾아 몇 킬로미터를 이동해요.

이거 알면 천재

고대 이집트에서는 커다란 쇠똥구리(또는 스카라베)를 신성하게 여겼어요. 쇠똥구리가 커다란 똥 덩이를 굴리는 모습이 마치 태양신이 태양을 움직이는 것 같다고 생각했기 때문이에요.

동물 천재 주목! 놀라운 미식가

쇠똥구리를 너무 싫어하지 마세요. 쇠똥구리가 자기 할 일을 안 했다면, 사람들은 냄새나는 분비물 문제로 골치 아팠을 거예요. 소는 똥 무더기를 하루에 열두 개도 만들 수 있는데, 소똥이 떨어진 자리에 그대로 있으면 식물이 죽고 파리 수천 마리를 끌어들일 거예요. 이런 문제가 생기기 전에 쇠똥구리가 똥을 처리해요. 미국 텍사스 일부 지역에서는 쇠똥구리가 소똥의 80퍼센트를 땅속에 묻는다고요!

요건 모를걸!

똥을 '굴리는' 쇠똥구리 말고, 똥 무더기 아래 땅을 파서 통로를 만들고 그 안으로 똥을 옮기는 쇠똥구리도 있어요. 또 소똥 더미로 기어올라서 똥 속에 알을 낳는 쇠똥구리도 있어요.

동물 연예 뉴스
상어 축제에 초대합니다

평범한 축제는 저리 가라! 상어의 문화를 널리 알리는 커다란 박람회장을 상상해 보세요. 축제의 막을 여는 상어들의 축하 연설에서 흥미로운 소식을 들을지도 몰라요.

공포의 조스
종류: 백상아리
소개: 아카데미 수상작이자 전설적인 영화 '조스'의 스타로, 그저 세계에서 가장 큰 포식자만은 아니다. 뛰어난 후각과 전자기장을 감지하는 능력으로, 복합적인 특성을 잘 보여 주는 역할을 맡았다.

오, 나한테 푹 빠진 팬들이랑 여기 함께 있으니 **행복하다고!**

여러분이 **맛있어** 보여서만은 아니야!

얘들아, 묘기 보여 줄까? 나 좀 봐! 8자 모양으로 **빨리 헤엄치기** 시합해 볼래?

오늘 회식에는 작년처럼 **참치만** 나오진 않았으면 좋겠네.

왕덩치
종류: 고래상어
소개: 세계에서 가장 커다란 물고기로, 버스에 맞먹을 정도의 크기다. '왕덩치'는 입의 너비가 1.5미터에 이를 만큼 커서 뭐든 먹어 치울 수 있는데도, 모든 고래상어가 그렇듯이 작은 플랑크톤만 먹고 싶어 한다는 사실을 널리 알리기 위해 여행 중이다.

망치 머리 인어
종류: 홍살귀상어
소개: 머리가 망치 모양이고, 민첩하게 헤엄치는 솜씨가 뛰어나서 '망치 머리 인어'라는 별명을 얻었다. 눈과 콧구멍이 양쪽 끝에 자리 잡고 있어서, 냄새 맡는 범위나 시야가 넓은 덕이다. 망치 머리 인어는 '함께 티격태격하고 사냥 요령을 공유한 학교 친구들에게 고맙다'는 말을 전했다.

안 보이는 수염
종류: 수염상어
소개: '안 보이는 수염'은 몰래 도사리고 있다가 먹이를 덮치는 기술이 뛰어난데도, 아직 다른 상어들만큼 악명이 높진 않다. 수염처럼 보이는 돌기와 얼룩무늬 덕분에 눈에 잘 띄지 않고 깊은 바다 밑바닥에 꼭꼭 숨을 수 있다.

있잖아, 물고기 잡으려고 **가만히 있는 게** 사실 더 **힘들어.**

나무 위에 살아요

나무 꼭대기에서 살아가는 멋진 동물들을 만나 보세요.

나무타기캥거루

높은 나무 위에 사는 이 귀여운 캥거루는 만나기가 너무 어려워요. 그래서 현지 주민들은 '숲의 유령'이라고 불러요. 나무타기캥거루는 희귀한 열대 우림 동물로, 뉴기니가 원산지예요. 하루의 60퍼센트를 잠으로 보내죠. 어미는 새끼를 8개월에서 10개월 동안 육아낭에 넣고 다녀요.

주머니날다람쥐

귀에 털이 보송보송하게 난 주머니날다람쥐는 오스트레일리아의 유칼립투스 숲에 살아요. 주머니쥐 종류인데, 무릎에서 팔꿈치까지 이어진 피부를 쫙 펼치면 활공할 수 있어요. 활공할 때는 꼭 삼각형처럼 보여요. 길고 털이 텁수룩한 꼬리가 방향타 역할을 해요. 다른 주머니쥐와는 다르게, 꼬리로 나뭇가지 같은 것을 감아서 매달리거나 몸을 지탱할 수는 없어요.

청개구리

열대 우림에 사는 이 청개구리는 어디든 착착 들러붙는 힘센 발가락 덕분에 나무에서 많은 시간을 보내요. 발가락에는 끈적끈적한 점액을 분비하는 조직이 있고, 발가락뼈 끝은 맹수의 발톱처럼 날카롭게 휘어져 있어요. 이렇게 멋진 발이 있어서, 몹시 매끄러운 표면에도 쉽게 달라붙어 있을 수 있죠. 아직 덜 놀랐나요? 어떤 청개구리 종류는 카멜레온처럼 몸 색깔까지 주변 환경에 맞춰서 바꿀 수 있어요.

점박이올빼미

점잖게 생긴 이 올빼미는 오래된 나무에 난 구멍에 둥지 짓기를 좋아해요. 조용한 밤에, 부엉부엉 우는 소리는 1.6킬로미터 떨어진 곳에서도 들리지만, 올빼미가 날개를 퍼덕이는 소리는 듣지 못할 거예요. 점박이올빼미는 먹이를 사냥할 때 소리도 없이 휙 날아내리거든요.

비단뱀

비단뱀은 아프리카, 아시아, 오스트레일리아 태생으로, 어떤 것은 9미터 이상 자라기도 해요. 비단뱀은 시각, 후각, 그리고 턱을 따라 나 있는 특별한 열 감지 구멍으로 사냥감의 위치를 확인해요. 이 뱀은 작은 포유류나 조류, 그 밖의 다른 생물이 가까이 올 때까지 기다렸다가 이빨로 사냥감을 꽉 잡고 빠르게 몸으로 휘감아요. 그런 다음, 먹잇감이 죽을 때까지 꽈악 조이지요. 아직도 등골이 오싹해지지 않았다면, 더 읽어 봐요. 뱀의 턱에 있는 관절은 아주 유연해서, 위턱과 아래턱을 따로따로 움직일 수 있어요. 다시 말하면, 뱀은 사냥감을 통째로, 대부분 머리부터 삼킬 정도로 입이 넓다는 뜻이지요.

동물 천재 주목! 놀라운 미식가

비단뱀들은 먹이를 어떻게 먹을지 잘 알아요. 비단뱀은 약 40종이 있는데, 크기가 다양해요. 이 크기에 따라서 작은 설치류와 조류부터 돼지와 영양까지, 뭐든지 먹어요. 한번 먹으면 다음 식사 때까지, 며칠, 또는 몇 달까지 버틸 수 있어요.

요건 모를걸!
어미 비단뱀은 알들을 보호하고 태양으로부터 받은 열을 나눠 줘서 따뜻하게 하기 위해, 알들을 몸으로 휘감아요.

이거 알면 천재
비단뱀은 시속 1.6킬로미터의 속도로, 일직선으로 기어가요.

털개구리

울버린도 울고 갈 털개구리 발톱

아프리카에 살고, 몸길이가 약 10센티미터까지 자라는
털개구리는 참 기이한 동물이에요. 별별 특징을 다 가졌다는 양서류 중에서도 눈에 띄죠. 수컷은 옆구리와 허벅지를 따라서 긴 머리카락 같은 돌기가 자라나요. 아마 알을 보살피려고, 물속에 있는 동안 몸의 표면적을 늘려서 산소를 더 많이 얻기 위해서일 거예요. 하지만 가장 신기한 건 따로 있어요. 털개구리가 자신을 지켜야 할 때, 발가락에서 발톱이 튀어나와요. 고양이 발톱처럼 자연스럽게 드러났다가 들어가는 게 아니라, 진짜 뼈가 피부를 뚫고 나오는 거예요. 으, 아프겠는데요!

동물 천재 주목! 유별난 습성

평상시에 털개구리의 발톱은 보이지 않아요. 작은 뼈 부분으로 개구리의 발가락 속에 안전하게 들어가 있어요. 하지만 개구리가 자신을 방어하려 할 때면, 근육을 움직여서 발톱 하나하나를 원래 고정되어 있던 자리에서 끌어당겨 밖으로 튀어나오게 해요. 참 신기하죠?

요건 모를걸!

털개구리는 '공포 개구리' 또는 '울버린 개구리'라고도 불려요. 울버린 개구리는 「엑스맨」에 등장하는 돌연변이 영웅의 이름에서 따왔어요.

이거 알면 천재

과학자들은 개구리들이 어떻게 발톱을 들어가게 하는지, 피부는 어떻게 낫는지 아직 밝혀내지 못했어요.

베스트 동물 시상식
1위는 누구?

 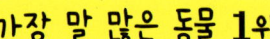
가장 말 많은 동물 1위

회색앵무는 말재주가 있어요. 굉장히 사교적이어서 거대하게 무리를 지어 열대 우림의 나무 꼭대기에서 시끄럽게 지내요. 자기들끼리 소통하는 재주뿐만이 아니라, 말소리를 흉내 내는 솜씨도 최고예요. 특히 회색앵무는 앵무새 종 가운데서도 사람의 말을 가장 잘 따라 해요.

올해 너랑 만나서 즐거웠어!
— 세발가락나무늘보

늘 활기찬 분위기를 만들어 주는 친구.
멋진 여름 보내!
— 유리날개나비 ♥

하마, **48-49**쪽

유리날개나비, **86-87**쪽

세발가락나무늘보, **128-129**쪽

아홀로틀, **204-205**쪽

동물 천재에게 여행지를 추천합니다
허우통 고양이 마을

여행객을 위한 꿀팁 다섯!

1 허우통 마을은 대만 타이베이에서 기차를 타고 한 시간만 가면 된다.

2 마을은 두 부분으로 나뉘어 있는데, 기차역에서 '고양이 다리'를 따라가면 야옹이들을 만날 수 있다.

3 거리낌 없이 같이 놀고 쓰다듬어도 가만히 있는 고양이도 있지만, 달아나는 고양이도 있다.

고양이들이 자유롭게 돌아다니는 곳

고양이 집사들에게 이곳은 천국이에요. 대만의 허우통 마을은 200마리가 넘는 고양이들이 자유롭게 돌아다니며 살아요. 어디에든 고양이가 있어요. 다양한 색깔의 고양이들이 벤치 아래, 지붕 위, 산비탈을 따라 늘어선 오두막에, 심지어 화분에서도 느긋이 쉬고 있어요. 이 마을에 사는 사람들은 더없이 행복해해요. 허우통 마을은 예전에는 탄광촌이었어요. 인구는 6,000명이었고요. 탄광이 문을 닫자, 인구는 100명 미만으로 줄어들었어요. 2008년 무렵에는 고양이 수가 사람 수보다 더 많아졌어요. 마을 사람들은 고양이들을 잘 보살펴 주었어요. 예방 접종을 해 주고, 다른 건강 문제도 살폈어요. 그러자 허우통은 고양이 보호 구역으로 세상에 알려졌고, 오래지 않아 고양이를 사랑하는 관광객들이 찾아왔어요. 지금은 고양이가 그려진 간판이 마을을 장식하고, 가게마다 고양이와 관련하여 상상할 수 있는 모든 상품을 팔고 있어요. 심지어 고양이들이 야옹거리며 부르는 '노래'도 틀어 놓아요.

4 고양이들은 잘 먹고 지낸다. 그러니 그냥 바라보기만 하는 게 좋다.

5 마을에는 사당, 탄광 박물관, 하이킹 코스도 있다.

금빛제비

굴뚝칼새와 친척인 작은 금빛제비는 둥지를 만들 때 특이한 건축 재료를 써요. 바로 자신의 침이에요! 금빛제비는 인도양을 따라 들어선 나라들에 사는데, 길고 끈적한 침 가닥을 만들어 내어 동굴이나 집 벽에 층층이 쌓아 둥지를 지어요. 침 가닥이 마르면 단단해지고 희끄무레한 색으로 변해요. 금빛제비는 침 가닥을 계속 층층이 덧발라서, 섬세하면서도 알 두어 개를 지탱할 만큼 단단한 둥지를 지어요. 그리고 그 둥지는 나중에 음식 재료가 되어 사람들이 먹는답니다!

동물 천재 주목! 멋진 보금자리

금빛제비는 참 '맛있는 집'을 가지고 있어요. 아시아 일부 지역에서는 금빛제비의 둥지를 수프 재료로 쓰는데, 이런 별미는 값도 꽤 비싸요. 그 밖에 다른 음식을 만들 때도 쓰이고요. 사람들은 제비 집 요리가 집중력을 높이고, 노화를 늦추고, 암을 예방하는 등 건강에 좋고 영양가가 많다고 여겨요. 하지만 모두에게 좋은 건 아니에요. 어떤 사람은 심각한 알레르기를 일으켜요.

이거 알면 천재

아시아에서 어떤 농부들은 금빛제비가 둥지 지으러 오게 하려고, 빈집을 짓고 녹음된 금빛제비의 울음소리를 틀어요. 알에서 새끼들이 부화해서 떠나면, 농부들은 둥지를 '수확'하죠.

요건 모를걸!

금빛제비는 깜깜한 밤에도, 자신이 낸 소리가 물체에 부딪쳐 돌아오는 소리를 듣고(반향 정위) 가장 좋아하는 먹이인 곤충을 잡아요.

정장을 차려입은 동물들

여기 나온 동물들은 옷차림이 멋져요. 할리우드에서 눈길을 못 뗄 만큼 근사해요. 흰색과 검은색으로 멋지게 차려입은 패셔니스타들을 만나 보세요!

스컹크

고양이 크기만 한 스컹크의 몸에는 검은색과 흰색 줄무늬가 있어요. 이 줄무늬는 냄새 고약한 액체를 3미터까지 발사할 수 있는 항문샘을 가리키며 다른 동물들에게 경고하고 있죠. 이렇게 눈길을 끌어 냄새 공격을 떠올리게 하는 것만으로도 포식자를 겁주어 쫓아 버리기에 충분해요.

오소리

오소리는 얼굴에 흰색과 검은색 줄이 뚜렷해요. 이 힘센 오소리는 굴을 파고 먹이를 끄집어낼 만큼 발톱이 날카로워요.

말레이언테이퍼

멋쟁이 말레이언테이퍼는 수영할 때 유연한 코를 스노클처럼 사용할 수 있어요. 코가 작고 몸통은 돼지와 비슷하지만, 발가락 개수가 홀수인 걸 보면 말과 코뿔소에 가깝죠.

대왕표범나방

눈길을 끄는 이 나방은 날개를 편 전체 길이가 약 7.5센티미터예요. 이 나방이 처음부터 검은 점박이로 태어난 건 아니에요. 꺼칠꺼칠한 털이 난 붉은 줄무늬가 있는 검은색 애벌레에서 이런 모습으로 변한 거예요.

코알라

어미 코알라에게 업혀 있는 새끼 코알라

코알라는 유칼립투스 잎만 먹어요. 하루 만에 나뭇잎을 1킬로그램쯤 없앨 수 있죠. 식습관이 참 밋밋하게 들리나요? 코알라한테는 그렇지 않아요! 코알라는 나뭇잎의 질과 맛을 평가하는 전문가거든요. 유칼립투스 나무는 600종이 넘고, 종마다 잎의 맛이 달라요. 그런데 코알라가 먹는 나뭇잎은 그중에서 50종도 안 돼요. 게다가 높은 나무 꼭대기에 달린 가장 즙이 많은 잎을 특히 더 좋아하죠. 코알라는 나무에서 살아요. 발로 나뭇가지를 감싸고, 나뭇가지가 두 갈래로 갈라지는 지점에 엉덩이를 딱 걸치고 앉아요. 유칼립투스 잎으로는 에너지를 많이 얻지 못해서 편안한 장소가 필요하거든요. 그래서 잎을 씹을 때를 제외하면, 늘 잠을 자고 있죠. 하루에 18시간에서 22시간 동안요!

동물 천재 주목! **놀라운 미식가**

코알라는 유칼립투스 잎을 괜히 좋아하는 게 아니에요. 원래 유칼립투스 잎을 먹고 살도록 태어났어요. 유칼립투스는 거의 모든 동물에게 독이 될 수 있어요. 하지만 어미 코알라는 어린 코알라에게 '팹'이라고 하는 특별한 물질을 먹여요. 팹은 사실 어미 코알라의 배설물인데, 어린 코알라가 이것을 먹고 유칼립투스 잎을 소화하는 데 필요한 미생물을 얻어요. 그리고 같은 이유로 흙을 먹을 때도 있답니다.

요건 모를걸!
코알라한테서는 박하향 목캔디 같은 냄새가 살짝 나요. 유칼립투스 잎에서 기름이 나오는데, 이 기름의 냄새가 강해서 그래요.

이거 알면 천재
귀여운 코알라가 곰과 비슷해 보이기도 하지만, 코알라는 곰이 아니에요. 캥거루와 주머니쥐처럼 육아낭이 있는 유대류예요.

핼러윈 날 마주치고 싶지 않은 녀석들

진짜 으스스한 바다 생물들도 알고 보면 진짜 멋져요.
(그래도 핼러윈 날 이 친구들이 초인종을 누르기를 바라지는 않겠지요?)

마귀상어(고블린상어)

마귀상어는 찡그린 얼굴로 이빨을 드러낸 채, 깊고 어두운 바다를 천천히 헤엄쳐요. 길게 나온 코에는 감각 기관이 있어요. 그래서 가까이에 물고기나 오징어, 게가 감지되면, 상어의 주둥이 전체가 앞으로 불쑥 튀어나와 뾰족한 이빨로 먹이를 찌르고는 통째로 삼켜요.

오스댁스(좀비벌레)

깊은 바닷속에 사는 환형동물인 오스댁스는 고래와 같은 바다 생물 사체의 해골 속에 살아요. 뿌리처럼 생긴 기관으로 뼈에 구멍을 뚫지요. 오스댁스는 입이나 위가 없어서, 산으로 뼈를 녹여 영양분을 섭취해요. 하지만 이것보다 더 이상한 사실이 있는데, 오스댁스 수컷은 암컷의 몸속에 산다는 거예요. 잘못 읽은 게 아니에요. 진짜로 '몸속에' 산다니까요!

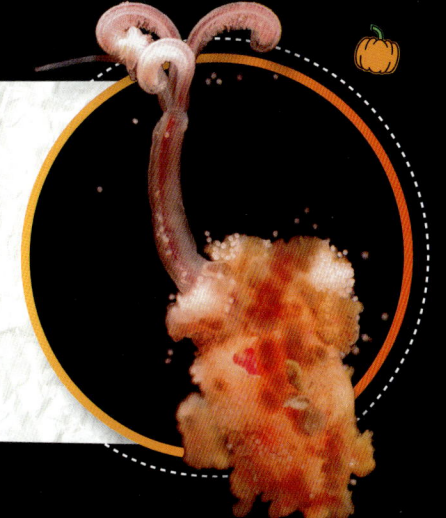

오리주둥이장어(마녀장어)

이 장어는 바다 밑바닥을 돌아다니며, 커다란 입으로 먹어 치울 물고기나 조개류를 찾아요. 태평양, 대서양, 인도양의 열대 및 따뜻한 온대 바다에 사는 오리주둥이장어는 회색빛이 도는 갈색을 띠고, 몸길이가 1.2미터까지 자라요.

유령상어

이 기이한 물고기는 '키메라'라고도 알려져 있어요. 커다란 눈은 빛바래고 죽은 듯이 보여서 오싹해요. 몸통은 마치 프랑켄슈타인 박사가 꿰매 놓은 듯이 보이고요. 유령상어는 상어와 가오리의 친척뻘이지만 거의 4억 년 전에 분리되어 나왔어요. 햇빛이 전혀 들지 않는 깊은 바다에 살아요.

==육지에서 즐기는 핼러윈이라면, 검은 고양이가 빠져서는 안 되지요. 다음 장에서 고양이에 관해 더 알아봐요.==

진짜로?! 고양이는 정말 마법의 동물일까?

긴 나무 빗자루를 타고 다니는 착한 마녀라면 꼭 옆에 고양이를 조수로 두고 있어요. 아주 뛰어난 마녀(예를 들면, 「해리 포터」의 맥고나걸 교수님) 중 몇몇은 마음대로 고양이로 변신할 수도 있어요. 이야기 속에서 고양이는 대부분 마녀의 가족이나 마찬가지예요. 마녀와 특별히 끈끈한 정을 나누는 마법의 동물이죠. 마녀를 이해하고, 마녀에게 위험을 알리거나 도와주는 조수 역할도 하고요. 때때로 이 친구들은 마녀에게 힘의 원천이 돼요. 고양이와 친구들의 역사는 길어요. 고양이가 부정적인 이미지를 갖게 된 건 유럽의 중세 시대부터예요. 그때는 불안감이 감도는 변화의 시기였어요. 전염병, 자연재해, 흉년 등 온갖 문제를 전부 마녀 탓으로 돌렸죠. 마녀사냥을 하는 동안, 고양이는 악마의 동물로 여겨졌어요. 마녀가 사악한 주문을 걸도록 돕고, 심지어 마녀의 피를 먹고 산다면서 말이에요. 그러기 전까지 고양이들은 보다 긍정적인 이미지였어요. 마치 수호천사처럼 여겨졌지요. 집을 지켜 주는 역할을 하는 (적어도 쥐로부터 지켜 주긴 하니까요.) 신성한 존재라고 생각한 거예요. 고대 이집트에서는 고양이 여신 바스테트를 숭배했고, 일본, 러시아, 이슬람 국가들에서는 고양이를 행운을 가져다주는 동물로 여겼어요. 물론, 마녀가 앵무새나 돼지를 친구로 삼을 수 없다는 건 아니에요. 여러분도 가끔은 마녀가 개나 부엉이, 두꺼비, 도롱뇽을 친구로 둔 걸 봤을 거예요. 하지만 고양이야말로 마녀의 친구로 찰떡궁합이지요.

이거 알면 천재

고대 이집트 가정에서는 고양이를 굉장히 귀중하게 여겼어요. 그래서 고양이가 죽으면, 고양이를 키우던 사람들은 애도의 뜻으로 눈썹을 밀었어요.

요건 모를걸!

일본에서 고양이 인형인 '마네키네코('손짓하여 부르는 고양이'라는뜻)'는 행운과 번영을 상징해요.

유리개구리

요건 모를걸!
유리개구리의 올챙이는 배가 붉은색이에요.

이 멋진 개구리는 피부 속이 다 들여다보여요. 몸속 기관이 잘 보이고, 어떤 종은 검붉은 심장이 뛰는 것까지 보여요. 이렇게 투명한 피부가 멋져 보이는 것 외에, 개구리에게 또 어떤 도움을 주는지는 아직 확실히 밝혀지지 않았어요. 유리개구리의 등에는 초록색 바탕에 크고 동그란 점무늬가 있어요. 꼭 유리개구리의 알처럼 보이지요. 그래서 말벌 같은 포식자가 가까이 다가올 때, 수컷 개구리는 이 무늬를 위장술로 삼아 포식자가 진짜 알에서 멀어지게 꾀어낼 수 있어요.

요건 모를걸!
유리개구리는 100원짜리 동전 지름 길이만큼 자라요. 이 길이의 3분의 1 이상을 머리가 차지해요.

동물 천재 주목! 개성 있는 패션

많은 개구리가 화려한 색을 띠고 태어나요. 하지만 코스타리카와 파나마, 캄보디아, 에콰도르의 열대 우림에 사는 조그만 유리개구리는 우리가 흔히 볼 수 없는 면을 자랑하지요!

뻐꾸기

사기꾼 같은 어린 뻐꾸기에게 먹이를 주는 휘파람새

뻐꾸기는 새끼를 직접 키우지 않아요. 다른 새들한테 시키지요. '시킨다'는 표현을 주목하세요. 다른 새들이 스스로 나서서 키워 주는 게 아니라, 뻐꾸기가 다른 새들을 속이거나 괴롭혀서 자신의 새끼를 키우게 만들어요. 어미 뻐꾸기는 먼저 알이 있는 둥지를 골라요. 자신의 둥지와 비슷해 보이는 둥지로요. 때때로 뻐꾸기는 원래 둥지 주인이 자리를 비우고 없을 때, 둥지에 있던 알을 하나 먹고 그 자리에 자신의 알을 대신 놓아요. 하지만 원래 둥지 주인이 뻐꾸기를 쫓아내려고 할 때조차 자신의 알을 막 밀어 넣기도 해요. 그렇게 해서 알을 깨고 나온 새끼 뻐꾸기는 더 작은 새들을 둥지에서 밀어내거나, 모든 먹이를 독차지해요.

 **동물 천재 주목!** 유별난 습성

'탁란'이라는 말을 들어 봤나요? 알을 대신 키우게 한다는 뜻이에요. 가짜 어미에 기대서 살아가고, 가짜 어미가 마련한 먹이를 먹고 사는 기생 방법이에요. 물론 가짜 어미한테 좋은 일은 아니지요. 뻐꾸기는 탁란을 해서, 새끼를 키우지 않고 오직 알을 낳는 데에 모든 에너지를 쏟을 수 있어요.

이거 알면 천재

뻐꾸기 수컷과 암컷은 우는 소리가 달라요. '뻐꾹-뻐꾹-뻐꾹' 하고 우는 건 수컷이에요. 뻐꾸기시계는 수컷의 울음소리를 따라 만든 거죠.

요건 모를걸!

어미 뻐꾸기는 종종 자신을 키워 준 새와 같은 종의 둥지에 알을 낳아요.

어떤 동물을 키우면 좋을까요?

자신에게 딱 맞는 반려동물을 만나 보세요.

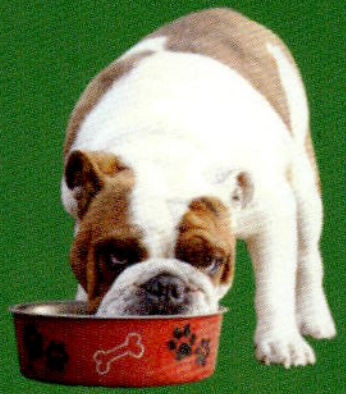

출발!

털이 북슬북슬한 동물을 좋아하나요?

- 괜찮기는 하지만, 맞거나 단단한 으면 좋겠어요.
- 당연하죠!

커다란 수조를 둘을 공간이 있나요?
- 예. 있어요. →
- 아니요.

필요한 건 뭐든 보살필 준비가 되었나요?
- 아니요, 그건 엄마 아빠가 주시면 해 주세요. →
- 맞다지요.

반려 동물이랑 어떻게 시간을 보내고 싶나요?
- 무릎에 앉히고 꼭 껴안아 줄 거예요.
- 나랑 가장 친한 친구로서 함께 모험을 떠나고 싶어요.

반려 도그레이를 키우는 게 낫겠네요.

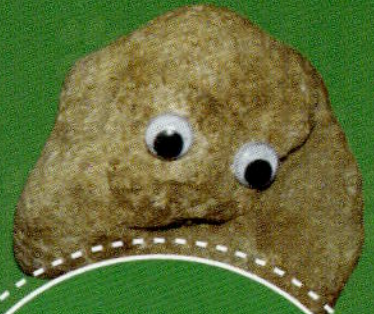

176

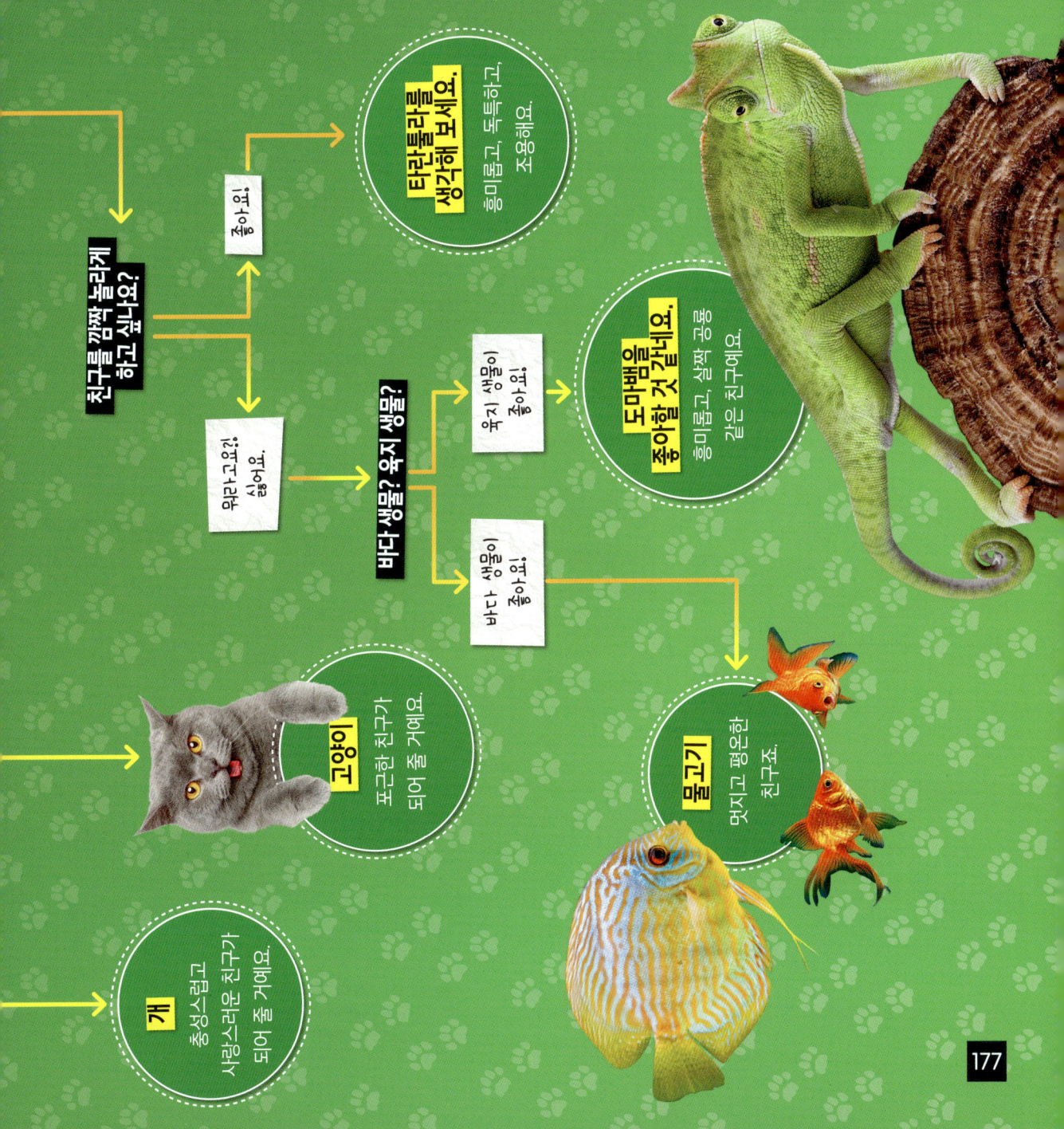

나뭇잎인 줄 알았지?

눈에 띄지 않으려고 자기 모습을 주변 식물에 맞추는 동물들을 만나 봐요.

나뭇잎카멜레온
세계에서 가장 작은 파충류에 속해요. 도마뱀의 일종으로, 마다가스카르 태생이에요. 바스락거리는 나뭇잎 속에서 싹 사라질 수 있어요.

멧노랑나비
영국과 아일랜드에서 볼 수 있는 이 나비는 위장술이 끝내줘요. 날개에는 병든 나뭇잎처럼 보이는 점무늬까지 있어요!

아마존뿔개구리

몸길이보다 입의 너비가 더 긴 개구리예요!
아마존뿔개구리는 나뭇잎 더미에 숨어 있다가
먹이한테 풀쩍 뛰어들어요. 먹이한테는 참 딱한 일이죠.

가분살무사

머리는 나뭇잎 모양이고, 숲 바닥과 같은 색을
띠어요. 몸길이가 1.8미터에 달하지만,
좀처럼 알아보기 힘들어요.

문어

문어의 머리를 한번 보세요. 머리가 크니 똑똑할 거라는 생각이 들 거예요. 맞아요. 그런데 좀 틀리기도 해요. 문어가 똑똑한 건 사실이에요. 문어는 문제를 해결하고, 도구를 사용하고, 다른 생물의 행동을 보고 배우고, 사람을 알아봐요. 뇌가 크고 신경계도 복잡해요. 뇌신경 세포를 개가 가진 뉴런만큼이나 많이 가지고 있지요. 하지만 문어의 신경계는 사람(또는 개)의 신경계와는 많이 달라요. 뉴런의 60퍼센트가 머리가 아닌, 다리에 퍼져 있거든요! 다리 스스로 생각을 하는 셈이죠. 껍데기가 딱딱한 게를 발견했을 때 다른 동물은 딴 먹이를 찾으러 가겠지만, 문어는 껍데기를 어떻게 깨부술지 알아내겠죠.

몸을 숨기려고 빈 조개껍데기를 가지고 다니는 문어

동물 천재 주목! 영리한 행동

문어의 뇌와 신경계는 다른 동물과는 너무 달라서, 문어가 얼마나 똑똑한지 알아내기가 어려워요. 지능이 있는지 알려면 뭔가 새로운 방식을 생각해 내는지를 보면 되는데, 그쪽으로는 문어가 전문가예요. 문어는 퍼즐을 풀고, 수족관에서 수조 밖으로 탈출하는 방법까지 알아내거든요.

이거 알면 천재

문어는 몸에 딱딱한 부분이 거의 없어서, 얼마든지 형태를 바꿀 수 있어요. 한쪽 눈보다 조금 큰 구멍도 비집고 들어갈 수 있어요.

요건 모를걸!

문어는 신경계만 신기한 게 아니에요. 심장은 세 개고, 피는 푸른색이에요.

분홍이구아나

분홍이구아나의 **천국이라고도 알려진 울프 화산**

갈라파고스 제도에는 몇몇 특이한 이구아나가 살지만, 분홍이구아나야말로 깜짝 놀랄 스타일이지요. 머리는 분홍색이고, 몸통은 분홍색과 검은색이 어우러져 있어요. 검은색 줄무늬가 시원하게 나 있는 경우가 많죠. 처음에는 그저 특이한 이구아나라고만 생각한 과학자들은 나중에 이것이 전혀 다른 종이라는 사실을 알아냈어요. 분홍이구아나는 딱 한 곳에서만 살아요. 갈라파고스 제도에서 가장 큰 이사벨라섬에 있는 울프 화산의 북쪽 측면에서만 살지요. 12월부터 6월까지, 장마철에는 화산 분화구 근처에 키가 작은 관목 숲에 살아요. 건조한 계절에는 숲이 우거진 지역으로 내려오고요. 울프 화산은 활화산이어서 살아가기에 위험한 곳이에요.

 **동물 천재 주목!** **멋진 보금자리**

에콰도르 연안의 갈라파고스 제도에는 온갖 종류의 놀라운 동식물이 살고 있어요. 섬들이 외딴곳에 있고, 가까이에서 세 개의 해류가 만나고, 섬에는 활화산이 있어서 독특한 서식지가 만들어졌거든요. 이곳에 사는 모든 동물이 멋진 보금자리를 가지고 있어요. 게다가 화산에 산다고요? 그중에서도 굉장히 특별한 일이지요.

이거 알면 천재

분홍이구아나 수컷은 암컷의 관심을 끌려고 머리를 4~5초 안에 위아래로 세 번 까딱거려요. 이구아나 수컷이 머리를 까딱이는 게 드문 일은 아니지만, 다른 이구아나 종보다는 속도가 훨씬 더 빨라요.

요건 모를걸!

이 이구아나가 분홍색을 띠는 이유는 피부 색소가 없기 때문이에요. 피부 밑을 순환하는 피가 드러나 분홍색 피부로 보이는 거지요.

이 구역 댄스 왕

춤을 잘 추는 편인가요?
지금 소개할 동물들은 진짜 무대를 찢을 만큼 잘 춰요.

공작거미

이 작은 거미는 목숨이라도 건 듯이 춤을 춰요. 실제로도 목숨을 걸고요. 공작거미 수컷은 뒤쪽에 부채 같은 화려한 꼬리가 있어요. 이 꼬리를 공작새처럼 위로 착 치켜들고는 이리저리 흔들고, 깡충깡충 뛰고, 암컷에게 다리도 흔들어요. 수컷의 춤이 마음에 들지 않으면, 암컷은 수컷을 죽여요! 그런데 수컷의 춤이 마음에 들었을 때도, 어쨌거나 암컷은 수컷을 죽일 수 있어요.

혹등고래

얼마나 낭만적인 고래인지 몰라요! 혹등고래 수컷은 사랑하는 짝을 찾기 위해 잊을 수 없는 노래를 불러요. 노래를 마음에 들어 하는 암컷이 나타나면, 암컷과 수컷은 나란히 헤엄치며 우아하게 왈츠를 춰요. 그러다 다른 수컷들이 나타나면, 수컷들은 누구 하나가 승리할 때까지, 물 밖으로 뛰어오르고 서로 몸을 부딪치며 현란한 싸움을 벌여요.

극락조

극락조 수컷보다 춤을 더 잘 추는 동물은 없어요. 극락조는 뉴기니의 열대 우림에 39종이 살고 있는데, 수컷은 암컷에게 깊은 인상을 줄 춤 동작을 다양하게 갖추고 있어요. 수컷은 깃털을 펴서 우산 모양을 만들고, 머리를 까딱이고, 앞뒤로 껑충껑충 뛰고, 화려한 색깔을 번뜩이고, 심지어 날개를 휙 젖혀서 웃는 얼굴 모양을 만들어요.

말뚝망둥어

좀 지저분하지만 눈부신 이 물고기는 물 밖에서는 공기 호흡을 할 수 있고 대부분 갯벌에서 시간을 보내요. 말뚝망둥어는 지느러미가 다리처럼 생겨서 물 밖으로 걸어 나올 수 있어요. 무엇보다 가장 인상적인 건 수컷이 암컷에게 구애할 때예요. 먼저 공중으로 0.5미터 뛰어오른 다음 진흙 바닥에 옆으로 누워 떨어지는 동작을 보이지요.

아직 음악 끄지 마세요!
동물들의 춤을 어떻게 활용하는지, 다음 장에 나오는 동물 천재와 함께 알아봐요.

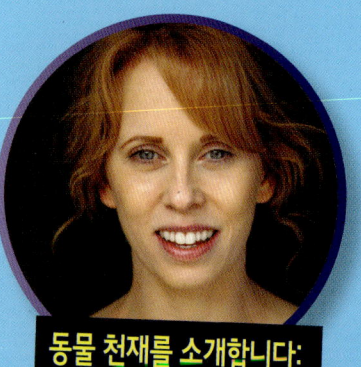

동물 천재를 소개합니다: 클레어 리카드

클레어 리카드는 사람들의 마음속에서 고양이를 끄집어낼 줄 아는 사람이에요. 클레어는 런던 프로덕션에서 제작한 뮤지컬 「캣츠」에 출연하는 배우예요. 그뿐 아니라, 다른 배우들에게 고양이 동작을 가르치는 무용 선생님이기도 해요. 뮤지컬 「캣츠」는 T. S. 엘리엇이 쓴 『주머니쥐 할아버지가 들려주는 지혜로운 고양이 이야기』를 원작으로 만들어졌는데, 가장 인기가 많은 뮤지컬이 되었어요. 그런데 배우들이 해야 할 일이 무척 많아요. 고양이처럼 보이기 위해 화장하고 의상을 차려입는 데만 꼬박 두 시간이 걸려요. 게다가 고양이 같은 느낌이 나도록 노래하고 춤춰야 해요. 클레어 리카드는 "고양이는 몸으로 많은 감정을 표현해요."라고 설명해요. 배우들은 기쁨부터 고통과 분노까지, 폭넓은 감정 변화를 나타내기 위해 등을 둥그렇게 구부리고, 머리와 몸 각도를 조절해요. 사람이 다리 네 개 달린 동물을 흉내 내기란 쉽지 않아요. 그런데도 배우들은 하나같이 놀랍도록 고양이와 똑같이 움직여요. 고양이처럼 배를 쏙 집어넣고, 등을 한껏 둥글게 말고, 가슴을 위로 올려요. 또, 배우들끼리 서로 머리를 비비고 코를 씰룩거리고요. 모두 세세하게, 발끝까지 연기하죠. 그냥 손을 들어 올리는 게 아니라, 먼저 팔 전체를 들어 올린 다음, 물 흐르듯 부드럽게 손을 앞발 모양으로 구부려요. 무용 선생님으로서, 클레어는 뮤지컬에서 모든 역할을 익히고, 모든 배우가 각자 맡은 동작을 제대로 해내도록 지도했어요. 그래서 캣츠 배우들은 네 발로 기어 다니든, 두 발로 춤을 추든, 진짜 고양이처럼 보여요.

> "나는 고양이와 함께 자랐어요. 나는 개보다는 고양이와 잘 맞는 사람이에요. 고양이들은 쌀쌀맞게 보이다가도 어느새 가장 친한 친구가 되어 있어요. 그런 고양이의 기질이 마음에 들어요."
>
> **클레어 리카드** 배우 · 무용 선생님

뿔도마뱀

뿔도마뱀은 한마디로 "나 건드리지 마!"라는 말을 온몸으로 하는 것 같아요. 위장을 안 하면, 지나가던 포식자도 뿔도마뱀을 보고 멈칫할걸요. 먼저, 뿔도마뱀은 머리 뒤쪽에 뾰족뾰족한 왕관이 있어요. 그리고 등과 옆구리를 따라 뾰족한 돌기가 이어지는데, 사실 이 돌기는 짧고 뾰족한 비늘이에요. 위험이 닥치면 몸을 거의 두 배나 크게 부풀릴 수 있어요. 포식자가 입에 넣을 수 없을 만한 크기로요. 사자나 호랑이 같은 고양잇과 동물, 또는 개나 늑대나 코요테 같은 갯과 동물이 뒤쫓아 온다면, 도마뱀은 훨씬 더 심하게 방어해요. 바로, 눈에서 피를 뿜어내거든요! 피는 1.8미터까지 발사될 수 있어요. 갯과 동물들이 아주 질색하죠.

동물 천재 주목! 유별난 습성

북아메리카와 중앙아메리카에 널리 사는 이 도마뱀은 개미를 먹어요. 아주 많이 먹죠. 영양을 충분히 섭취하려면 배 속을 가득 채워야 하니까요. 그런데 잔뜩 배가 불러서는 포식자한테서 도망치기가 쉽지 않죠. 그래서…… 피를 발사해요.

이거 알면 천재

뿔도마뱀은 목구멍 뒤쪽에서 나오는 걸쭉한 점액을 개미한테 묻혀요. 개미를 삼킬 때 쏘이지 않도록 자신을 보호하는 거예요.

동물 천재에게 여행지를 추천합니다
캥거루 보호 구역

1 캥거루 보호 구역은 오스트레일리아 중부의 앨리스 스프링스 마을 바깥쪽에 있다. 마을에서 셔틀버스를 탈 수 있다.

2 이곳에서는 선셋투어 때만 캥거루를 만날 수 있다. 표가 빨리 매진되니, 미리미리 예약하는 게 좋다.

아웃백의 안식처

'오스트레일리아' 하면 딱 떠오르는 게 바로 캥거루죠. 힘이 세고 어른 키만큼 큰 캥거루는, 포유동물 중에서 유일하게 폴짝폴짝 뛰어다녀요. 정말 잘 뛰고요! 캥거루는 한 번에 9미터까지 뛰어오를 수 있어요. 캥거루는 때때로 다치고 부모를 잃기도 해요. 그래서 캥거루 보호 구역이 들어섰어요. 캥거루 보호 구역에서는 캥거루를 구조하고 보호해요. 그리고 가능할 때마다 캥거루를 야생으로 돌려보내요. 야생으로 돌아갈 수 없는 캥거루는 아웃백 보호 구역의 야생 보존 구역에서 계속 살아가요. 넓이가 76만 제곱미터에 이르는 곳이에요. 보호 구역은 새끼 캥거루를 구하는 구조 센터로 시작되었지만, 넓은 보존 구역과 야생 병원이 추가로 생겼어요. 캥거루를 좋아하는 사람들은 이곳을 구경하며, 자연 서식지에 사는 캥거루를 볼 수 있어요. 그리고 새끼 캥거루에게 직접 가까이 다가갈 수 있어요. 놓칠 수 없는 기회겠죠!

여행객을 위한 꿀팁 셋!

3 캥거루가 겁먹지 않도록 조용히 하고, 관광객 통행로로만 다니도록 하자.

큰개미핥기

몸이 유선형이고, 시원한 줄무늬가 있는 큰개미핥기는 굉장히 빨라요. 혀가요. 혀를 1분에 150번이나 날름거릴 수 있어요. 왜 혀를 날름거리는 걸까요? 개미와 흰개미를 후루룩 먹어 치우기 위해서지요. 큰개미핥기는 가장 좋아하는 먹이를 먹기에 딱 적합한 조건을 갖췄어요. 뛰어난 후각으로 개미와 흰개미가 있는 위치를 정확히 알아내고, 심지어 어떤 종인지도 구별해요. 먹이의 보금자리를 찾으면 날카로운 앞발톱으로 파헤쳐요. 그런 다음, 길고 가느다란 머리를 밀어 넣고는 혀를 날름거리며 먹이를 먹어요. 큰개미핥기의 혀는 길이가 60센티미터에 달하고, 끈적끈적한 침이 묻은 작은 가시가 있어서 곤충을 잡아먹기에 안성맞춤이에요.

동물 천재 주목! 놀라운 미식가

중남미 태생의 그레이하운드 크기만 한 동물, 큰개미핥기는 굉장한 식사 전략가예요. 개미 굴 한 개당 약 1분 동안만 먹이를 후루룩 먹어요. 한 곳에서 먹이를 싹쓸이하지 않아 개미 군체는 다시 회복할 수 있고, 큰개미핥기는 앞으로도 개미와 흰개미를 많이 먹을 수 있어요.

이거 알면 천재

개미핥기는 튼튼한 수영 선수예요. 물속에서는 스노클처럼 긴 주둥이로 숨을 쉬어요.

청자고둥

킬러 고둥. 흔히 들을 만한 말은 아니지만, 이 바다 생물에겐 딱 어울리는 단어예요. 종류가 3,000종이 넘는 청자고둥은 여느 고둥이 그렇듯이 움직임이 별로 빠르지 않지만, 나름대로 무장을 해서 위험해요. 주로 모래 속에 숨어서 튜브처럼 생긴 수관만 껍데기 밖에 내놓고, 물속에서 먹이가 오는지 감지해요. 물고기가 아무것도 모르고 옆을 지나가면, 청자고둥은 또 다른 관에서 작살처럼 생긴 독침을 쏘아요. 물고기는 독에 마비되고, 청자고둥은 물고기를 끌어당겨 통째로 삼켜요.

청자고둥의 수관

동물 천재 주목! 놀라운 미식가

이 느림뱅이들에게는 먹이를 확실히 잡을 수 있는 방법이 있어요. 작살을 발사하는 기술도 대단하지만, 더 중요한 게 있어요. 작살을 맞은 물고기가 몸부림치다가 딴 데로 가 버릴 수도 있기 때문에, 물고기를 꼼짝 못 하게 기절시키는 독소가 있는 거죠! 또한, 청자고둥은 먹이 크기에 맞게 입을 늘려 크게 벌릴 수 있어요.

이거 알면 천재
과학자들은 암을 비롯하여 만성 통증과 질병을 치료하기 위해 청자고둥의 독소를 사용하는 방법을 연구하고 있어요.

요건 모를걸!
하와이에서 청자고둥은 '푸푸 포니우니우'라고 불러요. '어질어질한 껍데기'라는 뜻이에요.

동물 연예 뉴스

동물 예술가들의 작품 전시회

물건을 수집하기로 유명한 동물들이 한데 모여서 각자 가장 훌륭한 작품들을 뽐낸다면 어떨까요? 자연의 미술관으로 들어가서 천재적인 예술가들을 만나 보세요.

어지르는 게 아니에요. **다양성**을 추구하는 거지. 끄응, 언제쯤 인정받으려나.

수집 예술가
종: 숲쥐
좋아하는 재료: 나무 막대, 선인장, 뼈, 사람이 만든 물건 등 혼합 재료
작품 주제: 아늑한 보금자리

재봉 예술가

종: 날도래 애벌레
좋아하는 재료: 입에서 내보내는 실과 주변에서 발견되는 다양한 혼합 재료
작품 주제: 안전하게 머물기

> 인간이 제공한 재료를 **예술 작품**에 쓸 수 있어서 **기뻐요.**

> 이 **힘든 걸** 다 끝내고 **데이트**를 할 수 있기만을 바랄 뿐이야.

장식 예술가

종: 바우어새
좋아하는 재료: 나뭇가지와 혼합 재료 (꽃, 화사한 빛깔의 돌멩이, 반짝이는 것)
작품 주제: 사랑

> 내가 **몇 번을** 말하니? 난 물건이 **반짝인다고** 막 가져가지 않아!

내 멋대로 예술가

종: 까치
좋아하는 재료: 없음

수백 년 동안 도둑으로 누명을 씀

아톨라해파리

아톨라해파리는 햇빛이 닿지 않는 깊은 바다에 사는데, 주의를 끄는 방법을 잘 알아요. 평소 어두운 빨간색을 띠는 아톨라해파리는, 위험한 상황이 닥치면 경고 등을 켜고 주위에 도움을 청해요. 포식자에게 잡아먹힐 위기에 처했을 때, 아톨라해파리는 마치 경찰차가 경광등을 번쩍이듯이 동그랗고 파란 빛을 뿜어내요. 꼭 "이쪽이야, 이쪽. 빨리 와!" 하고 도움을 구하는 것 같아요. 이 외침에 누가 응답해 올까요? 해파리에게 달려드는 생물을 무조건 잡아먹고 싶어 하는, 훨씬 더 큰 포식자예요. 해파리를 먹으려던 녀석이 되레 자신이 잡히게 된 상황에 겁먹은 사이, 해파리는 슉 도망쳐요.

동물 천재 주목! 개성 있는 패션

깊은 바닷속 생물들은 빛을 내는 경우가 많아요. '생물 발광(생물체가 스스로 빛을 만들어 내는 현상)'이라는 화학적 현상을 통해 스스로 빛을 내지요. 하지만 그 방법과 목적은 생물마다 달라요. 아톨라해파리는 특히 영리하게 빛을 활용해서 '알람 해파리'라는 별명이 생겼어요.

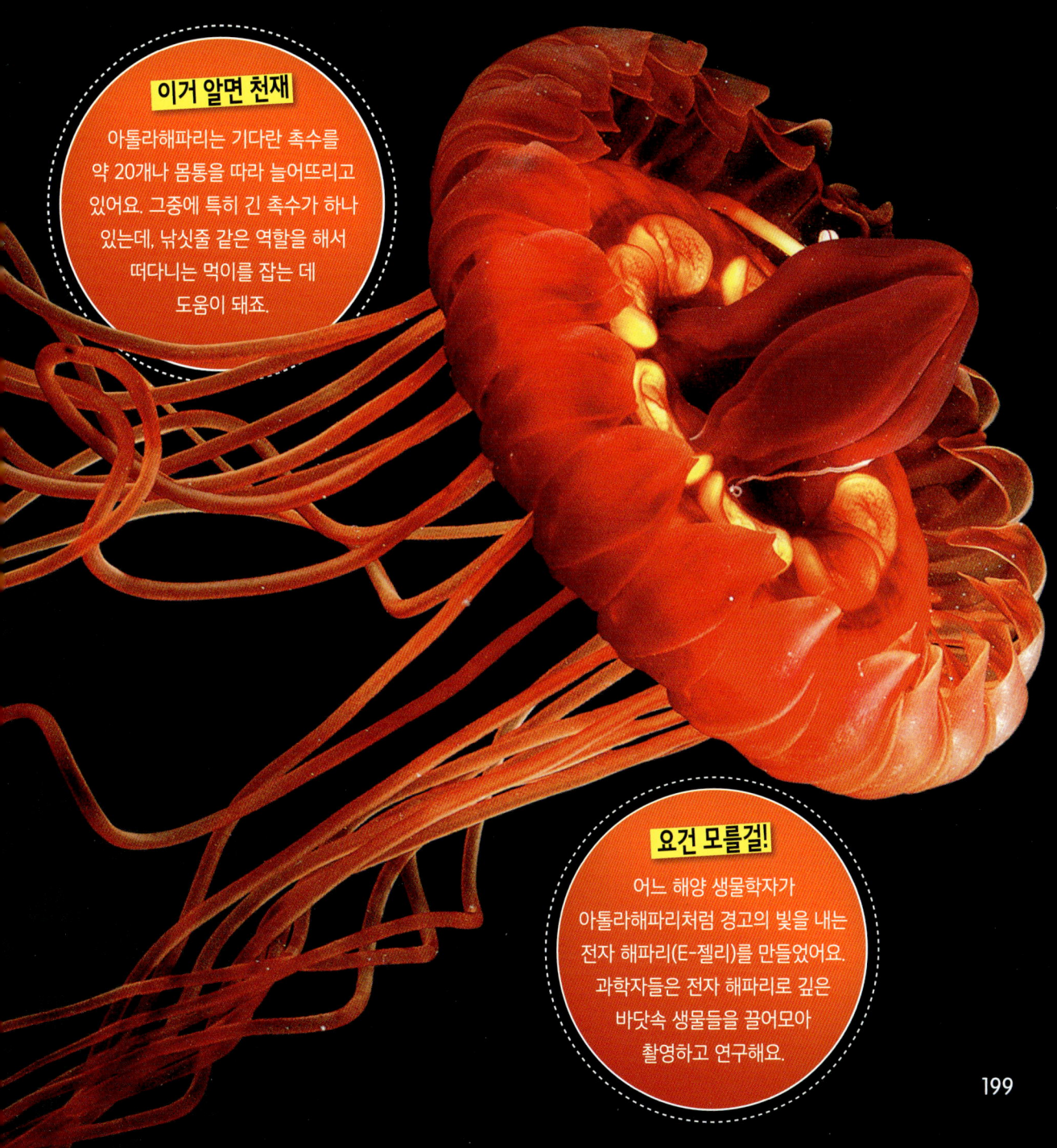

얼룩도 얼룩 나름

대형 고양잇과 동물들의 같은 듯 다른 무늬, 헷갈린다고요?
이번 기회에 확실히 알고 넘어가자고요.

치타
치타는 또렷하고 진한 점이 몸 곳곳에 나 있어요. 그리고 '눈물 자국'이 눈 안쪽 가장자리부터 입 가장자리까지 쭉 이어져 있어요.

표범

표범은 대형 고양잇과 동물 중에서 가장 작아요. 검은색 얼룩이 매화꽃 모양으로 모여 있어요. 또 온몸이 검은색인 검은표범도 있어요. 검은표범(블랙 팬서라고도 불러요)도 얼룩무늬가 있지만, 검은 털에 묻혀서 잘 보이지 않아요.

구름무늬표범

어딘지 비밀스러운 이 고양잇과 동물은 불규칙한 점과 얼룩이 구름 같은 무늬를 이루어 이런 이름이 붙었어요.

재규어

재규어의 얼룩무늬도 매화꽃 무늬를 이루는데, 한가운데에 점이 있어요. 재규어도 온몸이 검은색인 종류가 있어요.(검은색 재규어도 블랙 팬서라고 불러요) 검은색 때문에 얼룩무늬가 잘 보이지 않죠.

덩치 큰 고양이들한테 반했다고요? 다음 장에 나오는 동물 천재도 마찬가지래요.

동물 천재를 소개합니다: 탄디웨 므위트와

탄디웨 므위트와는 용맹한 사람이에요. 고양잇과 동물만큼 용감하기도 하지만, 온 마음으로 이 동물들을 사랑해요. 탄디웨는 야생 생물학자이자 환경 보호 교육 전문가예요. 고국인 잠비아의 '루앙과 계곡'에 사는 야생 육식 동물들을 보호하는 일을 하고 있죠. 탄디웨는 동료들과 함께 고양잇과 동물과 야생 개들을 쫓아 아프리카 덤불 곳곳을 누비며 동물들이 잘 지내는지 확인해요. 또, 탄디웨는 학생들에게 동물에 관해 가르치고, 야생 동물과 충돌하는 경우를 줄이기 위해서 지역 농민들과 함께 연구해요. 탄디웨는 야생 사자들을 추적하는 일이 상상했던 것보다 훨씬 흥미롭다는 걸 아주 일찍 깨우쳤어요. 탄디웨가 처음 현장에 나간 날, 탄디웨의 팀은 사자에게 추적 장치를 붙이려고 했지만 신경 안정제 화살이 제대로 효과를 내지 못했어요. 사자에게 추적 장치를 붙이는 도중에 사자가 깨어나고 만 거예요.

"저는 결국 이 수컷 사자와 이삼 분쯤 눈싸움만 했어요. 사자는 다시 잠들었고 우리는 하던 일을 마저 했어요. 재미있는 첫 출근 날이었죠!"

그런 일을 겪으면, 어떤 사람들은 그 일을 계속해야 할지 고민에 빠질 거예요. 하지만 탄디웨는 달랐어요. 위대한 동물들을 보호하는 데 더욱 전념하게 되었어요.

> "내 직업은 지구상에서 최고예요. 책과 잡지에서만 보던 동물을 직접 보고 만질 수 있으니까요. 얼마나 멋진 경험인지 몰라요."
> **탄디웨 므위트와** 야생 생물학자

베스트 동물 시상식
1위는 누구?

최고의 미소를 가진 동물 1위

레이스 달린 듯한 아가미와 분홍색 몸통을 지닌 아홀로틀 (우파루파)은 정말 사랑스러워요. 무엇보다 이 멕시코 양서류를 귀여움의 끝판왕으로 만드는 것은 바로 특유의 미소예요. 그런데 사실 귀여움은 여기서 끝나지 않아요. 양서류는 대부분 올챙이에서 성체로 바뀌면서 변태를 겪는데, 아홀로틀은 평생 어린 시절 모습을 그대로 간직해요. 이런 걸 '동안'이라고 하죠!

> 네 웃음은 전염되는 것 같아.
> 올 한 해도 잘 보내 줘서 고마워!
>
> — 세발가락나무늘보

그렇게 계속 헤엄치는 거야!!!

— 하마 ♥

하마, 48-49쪽

유리날개나비, 86-87쪽

세발가락나무늘보, 128-129쪽

회색앵무, 158-159쪽

목도리 도마뱀

이 작은 도마뱀은 위협을 느낄 때, 머리를 둘러싼 목도리 장식을 쫙 펼쳐요. 이 목도리 같은 비늘 막을 펼치면 몸집이 훨씬 더 커 보이고 훨씬 더 무서워 보여요. 목도리도마뱀은 자동 우산 펼치는 속도로 비늘 막을 확 펼치고, 뒷다리로 발딱 서서는 입까지 쫙 벌린 모습으로 위협하는 태도를 완성하죠. 도마뱀을 꿀꺽 먹고 싶어 하는 생물들을 깜짝 놀라게 하는 게 목표예요. 포식자가 놀란 사이, 목도리를 펼친 채 두 뒷발로 달려서 안전한 곳으로 도망치려고 시간을 버는 거죠.

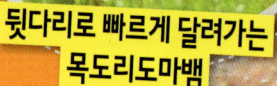

뒷다리로 빠르게 달려가는 목도리도마뱀

동물 천재 주목! 개성 있는 패션

목도리도마뱀은 대부분 오스트레일리아와 뉴기니의 나무에서 삶을 보내요. 목주름 장식을 몸에 착 붙이면, 나뭇가지 사이로 목도리도마뱀의 모습은 묻혀 버리죠. 하지만 곤충을 먹으러 나무에서 내려왔다가 자신도 잡아먹힐 위험에 처하면, 목주름 장식을 알차게 써먹어요. 게다가 자신의 구역에 다른 라이벌 도마뱀이 왔을 때도 목주름 장식을 펼쳐요.

이거 알면 천재

목도리도마뱀은 체온을 조절해야 할 때도 목주름 장식을 펼치거나 접어서 흡수하는 열의 양을 늘리거나 줄여요.

멋진 엉덩이

사람들은 보통 엉덩이를 감추고 싶어 하죠.
하지만 몇몇 동물들은 엉덩이가 너무 멋져서 꼭 자랑해야만 해요!

물영양

물영양은 누가 못 보고 지나칠까 봐 그런지 엉덩이에 새하얀 동그라미가 그려져 있어요. 일부 전문가들은 엉덩이에 흰색 원이 있어서, 풀을 뜯거나 위험에서 도망칠 때 새끼들이 잘 쫓아갈 수 있다고 생각해요. 하지만 감탄할 땐 감탄하더라도, 물영양과는 거리를 두는 게 좋아요. 땀샘에서 고약한 냄새가 나거든요.

맨드릴개코원숭이

맨드릴개코원숭이 수컷이 무리에서 가장 높은 서열을 차지할 때는, 큼지막한 분홍색 엉덩이를 비롯하여 몸 전체가 가장 화려한 색상을 뽐내요. 서열이 낮은 수컷은 호르몬이 변하면서 군데군데 색이 옅어지지요.

윌슨극락조

끝이 돌돌 말린 콧수염처럼 정겨운 꼬리를 보고, 어떻게 좋아하지 않을 수 있을까요? 희귀종인 윌슨극락조 수컷의 돌돌 말린 꼬리는 시작에 불과해요. 등에 난 깃털은 찬란한 붉은빛을, 모자를 쓴 듯한 머리는 청록빛을, 목 일부는 화사한 노란빛을 자랑하죠.

오리

오리 엉덩이는 굉장히 멋진 역할을 해요. 오리는 대부분 얕은 물에서 물속에 머리를 넣고 먹이를 조금씩 잡아먹는데, 그러려면 몸을 앞으로 기울여서 머리를 아래로 푹 숙이고, 꼬리를 공중으로 쑥 올려야 해요. 게다가 물속에서 먹이를 먹는 동안 균형을 유지하느라 꼬리를 천천히 흔들기까지 해요. 오리 춤이 귀여운 걸 말하자면 입만 아프지요!

엉덩이를 끝으로, 이야기 끝!

찾아보기

ㄱ
가분살무사 179
가스트로테카 뿔개구리
(주머니뿔개구리) 138
갈매기 93
개 14, 15, 36, 177
게 142, 143
고래상어 151
고양이 160, 161, 170, 171, 177
곰 21
곰치 132
공작거미 184
구름무늬표범 201
굴파기올빼미 79
극락조 185
금빛제비 162, 163
기러기 84, 85
기린 53
까마귀 146, 147
까치 197
꿀벌 50, 51

ㄴ
나무뱀 70
나무타기캥거루 152
나뭇잎카멜레온 178
나방 104, 105
날도래 애벌레 197
날도마뱀(플라잉 드래곤) 11
날여우(큰박쥐, 과일박쥐) 71
농게 142
늑대 21, 97
늑대거미 46

ㄷ
다람쥐 80
닷거미 64, 65
대왕표범나방 165
도마뱀 177
독수리 21
돌고래 21, 136, 137
돼지 42, 43
땅늑대 99
때까치 90, 91
떼베짜기새 82, 83

ㄹ
레서판다(너구리판다) 112

ㅁ
마귀상어(고블린상어) 168
마블드긴털족제비 53
말 34, 35, 74, 75
말뚝망둥어 185
말레이언테이퍼 165
매부리바다거북 119
맨드릴개코원숭이 208
멕시코맹꽁이 125
멧노랑나비 178
목도리도마뱀 206, 207
문닫이거미 130, 131
문어 180, 181
물거미 18, 19
물곰 30
물영양 208
미국너구리 97
미어캣 79

ㅂ

바다거북 118, 119
바다구스베리 40, 41
바비루사 93
바실리스크이구아나 134, 135
바우어새 197
바티코로스해파리 133
백상아리 150
백조 139
뱀상어 144, 145
뱀파이어비행개구리 59
뱀파이어크랩 59
벌새 12, 13
범고래 8, 9
베타 66, 67
벨록스여우(스위프트여우) 117
벼룩 31
별코두더지 60, 61
복어 44, 45
북극곰 122, 123
북극여우 76, 77, 117
북방관머리보관조(투구보관조) 111
분홍이구아나 182, 183
붉은바다거북 119
붉은여우 117
비단뱀 154, 155

비버 114, 115
빈투롱(곰고양이) 133
뻐꾸기 174, 175
뿔도마뱀 188, 189

ㅅ

사막거북 28, 29
사슴 21
세발가락나무늘보 128, 129
송장벌레 56, 57
쇠똥구리 148, 149
수염상어 151
수염수리 92
숲쥐 196
슈가글라이더 71
스컹크 164
스톤피시 46
신대륙하늘다람쥐 70

ㅇ

아가마 47
아델리펭귄 22, 23
아마존뿔개구리 179
아메리카붉은청서 80, 81
아이아이원숭이 96
아처피시(물총고기) 26, 27

아톨라해파리 198, 199
아펜핀셔 133
아홀로틀(우파루파) 204, 205
악어 106, 107
야자집게 143
얼룩말 53
여우 116, 117
오랑우탄 94, 95
오리 209
오리너구리 108, 109
오리주둥이장어(마녀장어) 169
오소리 165
오스댁스(좀비벌레) 169
오카피 100, 101
용노래기(핑크 드래곤) 11
윌슨극락조 209
유령상어 169
유리개구리 172, 173
유리날개나비 86, 87
인도코뿔소 110
일각돌고래 111

ㅈ

장수거북 119
장수풍뎅이 31
재규어 201

전갈 139
점박이올빼미 153
점박이하이에나 98, 99
조약돌두꺼비 124
주머니날다람쥐 152

ㅊ
천산갑 126, 127
청개구리 153
청자고둥 194, 195
치타 200
침팬지 139

ㅋ
칸델라리아코주부벌레 24
캐리어크랩 140, 141
캥거루 190, 191
코끼리 88, 89
코끼리땃쥐 25
코끼리바다물범 25
코모도왕도마뱀(코모도 드래곤) 10
코알라 166, 167
코요테 96
코주부벌레 24
코주부원숭이 24
큰개미핥기 192, 193

ㅌ
타란툴라 177
태즈메이니아데빌 38, 39
털개구리 156, 157
토끼 78

ㅍ
파란갯민숭달팽이(블루 드래곤) 10
판다 102, 103
페넥여우(사막여우) 116
표문쥐치(유니콘피시) 110
표범 201
푸른바다거북 119
퓨라 칠렌시스 47
피파개구리 125

ㅎ
하늘다람쥐 70
하마 48, 49
하이에나 98, 99
해달 32, 33
호랑꼬리리머 6, 7
호랑이 21, 52
혹등고래 184
혹멧돼지 79
홍게 142
홍살귀상어 151
화식조 93
회색앵무 158, 159
회색여우 117
흡혈박쥐(뱀파이어박쥐) 58
흡혈오징어(뱀파이어오징어) 59
흰개미 72, 73
흰점박이복어 44, 45

사진 저작권

AS = Adobe Stock; AL = Alamy; GI = Getty Images; MP = Minden Pictures; SS = Shutterstock

Front cover: (background animal print), sdecoret/AS; (bees), Protasov AN/SS; (footprints), MicroOne/SS; (texture), monbibi/SS; (owl), Eric Isselée/SS; (monocle), cipariss/AS; (chain), valkoinen7/AS; back cover: (background animal print), sdecoret/AS; (beetles), Paul Hobson/Nature Picture Library; (flying beetle), iredding01/AS; (fin), Science RF/AS; (airplane), Bowrann/SS; (paper), Thinkstock; (red panda), Joe Ravi/GI; (leaves), ieang/AS; (texture), monbibi/SS; 1 (background animal print THROUGHOUT), sdecoret/AS; 1 (footprints THROUGHOUT), MicroOne/SS; 1 (glasses THROUGHOUT), Fosin/SS; 3 (bees THROUGHOUT), Protasov AN/SS; 3 (texture THROUGHOUT), monbibi/SS; 3 (owl), Eric Isselée/SS; 3 (monocle), cipariss/AS; 3 (chain), valkoinen7/AS; 4-5 (pangolin), Scott Hurd/AL; 4-5 (termites THROUGHOUT), Leo Blanchette/SS; 4 (UP RT), cynoclub/AS; 4 (LO LE), mtkang/AS; 4 (LO RT), Adam Fletcher/Biosphoto/MP; 5 (UP), Thanagon/AS; 5 (RT), Jess Rona; 5 (LO), Berendje Photography/SS; 6-7, Sergey Didenko/AS; 6 (UP), Anup Shah/Nature Picture Library; 6 (hat THROUGHOUT), Reinke Fox/SS; 6 (mustache THROUGHOUT), Anna Marynenko/SS; 6 (paper THROUGHOUT), Thinkstock; 8-9, Arco Images GmbH/AL; 8, Silver/AS; 9 (monocle), Arcady/AS; 10-11, Richard Susanto/SS; 10, Sahara Frost/AS; 11 (UP), freeman98589/AS; 11 (CTR), Thanagon/AS; 12 (LE), Patrick Lhoir/GI; 12 (lips THROUGHOUT), Vlada Young/SS; 13, Kts/Dreamstime; 14-15, Sebastien Micke/Paris Match/GI; 14, alexei_tm/AS; 16 (UP), Jess Rona; 16 (hair dryer), Yuriy Chertok/SS; 16 (clippers and brush), nazarovsergey/AS; 17, Jess Rona; 18 (RT), blickwinkel/AL; 18 (hard hat THROUGHOUT), Alluvion Stock/SS; 19, Gerhard Schulz/GI; 20, Sekar B/SS; 21 (UP LE), eyetronic/AS; 21 (UP RT), Anan Kaewkhammul/SS; 21 (LO), John Knight/GI; 22-23, Kevin Schafer/AL; 22, David Merron/GI; 24, Adegsm/GI; 25 (LE), Berendje Photography/SS; 25 (UP), Ivan Kuzmin/AL; 25 (RT), David Osborn/AL; 26 (UP, CTR), Kim Taylor/Nature Picture Library/AL; 26 (chef hat THROUGHOUT), Inotlus/SS; 26 (LO), imageBROKER/AL; 27, Avalon/Photoshot/AL; 28-29, William Mullins/AL; 28, mattjeppson/AS; 30-31 (BACKGROUND THROUGHOUT), dynamic/SS; 30-31 (pop art THROUGHOUT), Kapitosh/SS; 30 (CTR), Sebastian Kaulitzki/SS; 30 (LO RT), Aleksandr Petrunovskyi/SS; 31 (cape), Diego Schtutman/SS; 31 (fleas), Cosmin Manci/SS; 31 (rhino beetle), Arsgera/SS; 31 (weight), Al-Tair/SS; 32-33, Design Pics Inc/AL; 32, Alan Vernon/GI; 34-35, Julia Siomuha/SS; 34, Rossella/AS; 36-37, Inti St Clair/GI; 38, Ken Hawkins/AL; 39, bennymarty/AS; 40, David Shale/Nature Picture Library/AL; 41, SeaTops/AL; 42-43, Klein-Hubert/Media Drum World/ZUMA Press/Newscom; 42 (map THROUGHOUT), twenty1studio/SS; 42 (LO LE), PietroPazzi/GI; 44-45, Yoji Okata/MP; 45 (UP), Cigdem-Sean Cooper/AL; 46 (LE), imageBROKER/AL; 46 (RT), Damian Herde/SS; 47 (UP), Larisa Blinova/SS; 47 (RT), Harry Beugelink/SS; 48-49, AP/SS; 48 (graduate cap THROUGHOUT), Creativee Icon/SS; 49 (UP), Westend61/GI; 49 (UP CTR), Suzi Eszterhas/MP; 49 (LO CTR), Juniors Bildarchiv GmbH/AL; 49 (LO), Jane Burton/Nature Picture Library; 50, rockket/AS; 51, Konrad Wothe/MP; 52, Klein and Hubert/MP; 53 (UP), 2630ben/AS; 53 (RT), Roland Seitre/Nature Picture Library; 53 (LO), Eric Isselée/AS; 54-55 (ALL), Matthew Rivera; 56-57, Chris Mattison/Nature Picture Library; 56, Mark Moffett/MP; 58 (UP LE, CTR RT), chamnan phanthong/AS; 58 (CTR), Johner Images/GI; 59 (UP), Steve Downer/Science Source; 59 (CTR), Dr. Jodi Rowley; 59 (LO), derbuhman/AS; 60-61, Visuals Unlimited, Inc./Ken Catania/GI; 60, All Canada Photos/AL; 62-63 (bats), chamnan phanthong/AS; 63 (UP LE), Marvel/Walt Disney Studios Motion Pictures/Courtesy Everett Collection; 63 (UP RT), iAdobestock13/AS; 63 (RT), Marvel's Ultimate Spider-Man: Web Warriors on Disney XD. (Marvel), Squirrel Girl, © 2015 Marvel & Subs. All rights reserved; 64, philip kinsey/AS; 65, H. Bellmann/age fotostock; 66-67, Jane Burton/Nature Picture Library; 66, lalalululala/AS; 68-69, agneskantaruk/AS; 70-71 (flying squirrel), Kim Taylor/Nature Picture Library/AL; 70 (LE), Avalon/Photoshot/AL; 71 (RT), chamnan phanthong/AS; 71 (LO), Joe McDonald/GI; 72-73, Can/AS; 72, agarianna/AS; 74-75, Mary H. Swift/Alamy Stock Photo; 75 (LO RT), Kenneth Keifer/AS; 76-77, Stuedal/AS; 76, Sergey Gorshkov/Nature Picture Library; 78, Yukihiro Fukuda/MP; 79 (UP), Alex van Schaik/SS; 79 (RT), harlequinarcher/AS; 79 (LO), Jack Dykinga/Nature Picture Library; 80, georgesanker/AL; 81, rrichard29/AS; 82, EcoView/AS; 83, Gunter/AS; 84 (UP), Jeremy Durkin/SS; 84 (LO), StarJumper/AS; 85, Philip Bird/AL; 86-87, Westend61/GI; 87 (UP), AP/SS; 87 (UP CTR), Suzi Eszterhas/MP; 87 (LO CTR), Juniors Bildarchiv GmbH/AL; 87 (LO), Jane Burton/Nature Picture Library; 88-89, bondsza/AS; 88, aiisha/AS; 90-91 (thorny twigs), dule964/AS; 90, Michel Geven/MP; 91, NickVorobey/AS; 92, David Davidov/GI; 93 (UP), rslifkin/AS;

93 (LE), Kevin Schafer/MP; 93 (RT), Gerard Lacz/MP; 94, Visuals Unlimited, Inc./Thomas Marent/GI; 95, Arun Roisri/GI; 96, imageBROKER/AL; 97 (LE), Debbie DiCarlo Photography/GI; 97 (UP), chrisroosfotografie/AS; 97 (RT), Alphacandy/AS; 98-99, MaZiKab/AS; 100-101, Arco Images GmbH/AL; 100, Thorsten Spoerlein/AS; 102-103, Helen Nicholson/AL; 103 (airplane), Bowrann/SS; 103 (LO LE), Thomas Dekiere/SS; 103 (two smaller butterflies), Marcel Nijhuis/AS; 103 (larger butterfly THROUGHOUT), Alex Gorbatsevich/AS; 104-105, Dan Doucette; 104, Leandro Moraes; 106-107, Anup Shah/GI; 108-109, Paulo Oliveira/AL; 108 (LO), Roland Seitre/age fotostock; 110 (LE), gudkovandrey/AS; 110 (RT), Kristina Vackova/SS; 111 (LE), Paul Nicklen/National Geographic Image Collection; 111 (RT), Papa Bravo/AS; 112-113, saprygins/AS; 112, Sean/AS; 114 (UP), Paul Souders/GI; 114 (LO), All Canada Photos/AS; 115, Morgan Trimble/AL; 116 (LE), otsphoto/AS; 116 (RT), thawats/AS; 117, Hummingbird Art/AS; 118-119, Shane Myers Photo/SS; 118, NPS Photo; 120 (UP), Michael Aw; 120 (LO), 121 (BACKGROUND), (LE), (CTR), Michael Aw/GI; 121 (RT), Michael Aw; 122 (LE), Fred Bruemmer/GI; 122 (RT), Daniel Cox/GI; 123, Dennis Fast/VWPics/AL; 124, Joe Riis; 125 (LE), WILDLIFE GmbH/AL; 125 (UP), Dan Olsen/SS; 126-127, Scott Hurd/AL; 126 (LE), DarrenBradleyPhotography/GI; 126 (LO), Pete Oxford/Nature Picture Library/GI; 128-129, Suzi Eszterhas/MP; 129 (UP), AP/SS; 129 (UP CTR), Westend61/GI; 129 (LO CTR), Juniors Bildarchiv GmbH/AL; 129 (LO), Jane Burton/Nature Picture Library; 130 (UP), Dave Pinson/AL; 130 (LO), bennytrapp/AS; 131, Federico.Crovetto/SS; 132 (eel), David Gruber/John Sparks/Vincent Pieribone; 132 (Darth Vader), Stefano Buttafoco/SS; 133 (Bathykorus), Kevin Raskoff; 133 (dog), FLPA/SS; 133 (Ewok), Atlaspix/AL; 133 (binturong), phichak/AS; 133 (Yoda), Philippa Griffith-Jones/AL; 134-135, Bence Mate/Nature Picture Library; 134, Clinton Harris/GI; 136-137, willyam/AS; 136 (LE), Hubert Yann/AL; 136 (LO), tubuceo/SS; 138 (LE), Michael and Patricia Fogden/MP; 138 (RT), ccile/AS; 139 (UP), Konrad Wothe/GI; 139 (LO), suphatphong/AS; 140-141, Reinhard Dirscherl/AL; 140, Constantinos Petrinos/Nature Picture Library; 142-143, tankist276/AS; 144-145, wildestanimal/AS; 144, Michael Dornellas/Solent News/SS; 146-147, Jim Zipp/Science Source; 146, ZSSD/MP; 148-149 (flying beetles), cynoclub/AS; 148, S. Vannini/GI; 149, efendy/SS; 150-151 (speech bubbles THROUGHOUT), helen_tosh/GI; 150, Catmando/AS; 151 (LE), imageBROKER/AS; 151 (RT), Pete Oxford/MP; 151 (LO), Fred Bavendam/MP; 152 (LE), Auscape International Pty Ltd/AL; 152 (RT), bibi57/GI; 153 (LE), Adrian Coleman/GI; 153 (RT), Tim Graham/GI; 154-155, lunatic67/AS; 154, Eric Isselée/SS; 156-157, Paul Starosta/GI; 156, David Blackburn; 158-159, Juniors Bildarchiv GmbH/AL; 158 (UP), AP/SS; 159 (UP CTR), Westend61/GI; 159 (LO CTR), Suzi Eszterhas/MP; 159 (LO), Jane Burton/Nature Picture Library; 160-161, Shawn.ccf/AS; 161 (LO), Taiwan Formosa/AL; 162-163, Konrad Wothe/age fotostock; 162 (RT), Vic Helian/SS; 164 (LE), Lynn_Bystrom/GI; 164 (RT), Universal Images Group North America LLC/AL; 165 (UP), Mark Newman/GI; 165 (RT), CaraMaria/GI; 166 (UP), Bjorn Svensson/AL; 166 (leaves), mraoraor/AS; 167, Yatra/SS; 168, Paulo de Oliveira/age fotostock; 169 (UP), The Natural History Museum/AL; 169 (LE), Danté Fenolio/Science Source; 169 (LO), Wild Wonders of Europe/Lundgren/Nature Picture Library/AL; 170-171, SergeyMarina/SS; 171 (UP RT), mtkang/AS; 172-173, Danté Fenolio/Science Source; 172 (LE), Pete Oxford/MP; 174-175, Lakes4life/GI; 174 (LE), Solent News/SS; 174 (LO), Nature Photographers Ltd/AL; 176 (LE), Monkey Business/AS; 176 (RT), Fromac/Dreamstime; 177 (UP), Cathy Keifer/AS; 177 (LE), Jagodka/SS; 177 (RT), Mirek Kijewski/SS; 177 (LO), Sergii Figurnyi/AS; 178-179, philip kinsey/SS; 178, Piotr Naskrecki/MP; 179 (UP), Alex Hyde/Nature Picture Library; 179 (LO), Iulian N/SS; 180-181, OceanBodhi/GI; 180, Steve Bloom Images/AL; 182, FotoMonkey/SS; 183, Tui De Roy/MP/Newscom; 184, idreamphoto/SS; 185 (LE), Adam Fletcher/Biosphoto/MP; 185 (CTR), aDam Wildlife/SS; 185 (RT), Dirk Kotze/SS; 186-187, Nigel Norrington/N&S Syndication/Express Newspapers/AP Images; 186 (UP), Clare Rickard; 186 (LO), pwollinga/AS; 188-189, Wild Horizon/GI; 188-189 (ants), asharkyu/SS; 188, BBC Natural History/GI; 190-191, Cindy Hopkins/AL; 190 (LO), Danita Delimont/AL; 191 (LO RT), Esmay Schulpen/SS; 192 (RT), esdeem/SS; 192 (LO), Fotofeeling/age fotostock; 193, belizar/SS; 194-195, Paulo Oliveira/AL; 194, scubaluna/AS; 196, francesco de marco/SS; 197 (LE), troutnut/AS; 197 (UP), Imogen/AS; 197 (LO), thawats/AS; 198-199, Dr. Edith Widder; 200 (LE), Tim Fitzharris/MP; 200 (RT), Arcaion/SS; 201 (CTR), Edo Schmidt/AL; 201 (UP), David.C.Azor/AS; 202 (UP), Randall Scott/National Geographic Image Collection; 202 (LO), Isselee/Dreamstime; 203, Frans Schepers/National Geographic Image Collection; 204-205, Jane Burton/Nature Picture Library; 205 (UP), AP/SS; 205 (UP CTR), Westend61/GI; 205 (LO CTR), Suzi Eszterhas/MP; 205 (LO), Juniors Bildarchiv GmbH/AL; 206-207, Matt/AS; 206, Auscape International Pty Ltd/AL; 208-209, David Silverman/GI; 208, mbrand85/SS; 209 (UP), Gabbro/AL; 209 (CTR), Dietlinde DuPlessis/AS; 216, Esmay Schulpen/SS

멋지고 환상적인 우리 팀의 짐, 코너, 라이언, 머피, 사랑해요!
-T. J. 레슬러

남다른 동물 천재를 위한 지식 사전

1판 1쇄 찍음 - 2022년 1월 30일, 1판 1쇄 펴냄 - 2022년 2월 10일
지은이 T. J. 레슬러 옮긴이 신인수 펴낸이 박상희 편집장 전지선 편집 이재원 디자인 정다울, 시다현
펴낸곳 (주)비룡소 출판등록 1994. 3. 17.(제16-849호) 홈페이지 www.bir.co.kr
주소 06027 서울시 강남구 도산대로1길 62 강남출판문화센터 4층 전화 영업 02)515-2000 팩스 02)515-2007
편집 02)3443-4318,9 제품명 어린이용 반양장 도서 제조자명 (주)비룡소 제조국명 대한민국 사용연령 3세 이상

NERDLET: ANIMALS by T.J. Resler
Copyright © 2020 National Geographic Partners, LLC.
Korean Edition Copyright © 2022 National Geographic Partners, LLC.
All rights reserved.
NATIONAL GEOGRAPHIC and Yellow Border Design are trademarks of the National Geographic Society, used under license.

이 책의 한국어판 저작권은 National Geographic Partners, LLC.에 있으며, (주)비룡소에서 번역하여 출간하였습니다.
저작권법에 의해 한국 내에서 보호를 받는 저작물이므로 무단 전재와 무단 복제를 금합니다.

ISBN 978-89-491-3231-0 73490